KB036305

자아

"친숙한 이방인"

자 아

김 석 지음

은행나무

들어가며 나에 대한 질문 6

1장 자아의 문제

자기 도식과 자아 14

상상계와 자아의 허상 21

자아와 타자 28

자아에 대한 앎 34

2장 낯선 자아

두려운 낯설음 39

민낯의 자아 49

낯선 자아의 기원 56

3장 속이는 자아

속이는 주범 65

속이는 자아의 위험: 라쇼몽 효과와 그 폐해 74

자아의 방어 작용 85

4장 병든 자아

갈등하는 마음과 병   90

나르시시즘의 폐해   100

심술궂은 자아   107

5장 변하는 자아

바꿀 수 있는 자아   114

자아를 변하게 만드는 것   121

긍정적 변화와 부정적 변화   126

바른 가치관의 중요성   130

6장 자아와 관계

참된 앎의 필요성   137

돌봄의 대상   145

자아실현과 자존감   149

내 욕망의 주인이 되어야 한다   155

나가며 진정한 나를 찾아서   162

인명 설명   168

참고문헌   181

나는 누구인가? 누구나 살면서 최소 한두 번은 적성 검사나 다중 지능 검사를 하면서 자신의 소질이나 성격 혹은 장단점을 파악하려고 시도하기 마련이다. 그러나 실용적 목적 때문이 아니라 순수한 지적 호기심 때문에 내가 누구이고, 내가 나에 대해 알고 있는 것은 참인가 하는 질문을 던져본 사람은 많지 않을 것이다. 인간은 많은 호기심을 가지고 세상에 대해 수없이 질문을 던진 덕에 과학과 문명을 발전시킬 수 있었고 만물의 영장이 되었다. 탈무드는 답을 주는 것보다 질문을 하는 것이 더 중요하다고 강조한다. 답은 정해져 있지만 질문은 수없이 많을 수 있기 때문이다. 하지만 수많은 질문 중에서 가장 기본적인 질문은 바로 나에 대한 것이고, 그것이 모든 앎의 선행 조건이어야 한다. 서양사에서는 소크라테스가 최초로 이런 생각을 했다. 사람들은 나는 누구인가의 질문이 특별히 절박한 질문도 아니며 굳이 답을 내릴 필요도 없다고 생각한다. 나는 나이고, 내가 나를 안다는 것도 자명해 보이기 때문이다. 오히려 잘 살기 위해서는 세상에 대해 많이 알아야 한다고 생각한다. 게다가 내가 누구인지의 질문은 대답하기도 어렵다. 그래서 우리는 질문을 던지는 대신 살면서 '너는 이런 사람이야'라고 주변 사람들에게 주로 듣는 얘기를 은연중에 수용하면서 이를 토대로 자신에 대한 상을 만들어간다. 특히 어릴 때 보호자 역할을 하는 부모나 교사는 절대적인 영향을 끼친다. 우리가 자신에 대해 내리는 판단이나 관념의 대부분은 가까운 타인의 평가를 반영한다. 하지만 그런 평가가 늘 정확하지는 않으며, 자아는 변하기 때문에 내가 누구인지 알기는 어렵다. 그리고 사람은 자신에게 속을 수도 있어 자신에 대해 잘못된 판단을 내리기도 한다.

셰익스피어의 희곡 《리어 왕》에는 "내가 누구인지 말해줄 수 있는 사람은 누구인가?Who is it that can tell me who I am?"라는 유명한 대사가 나온다. 이 대사를 차용한 이인화의 《내가 누구인지 말할 수 있는 자는 누구인가》라는 소설도 있다.

《리어 왕》은 강하고 독재적인 절대군주 리어가 노년을 행복하고 평화롭게 보내기 위해 재산을 세 딸에게 분배하는 과정에서 자신의 고집과 무지 때문에 파멸하는 이야기다. 위대한 사람의 특성이 그렇듯 리어 왕은 자존심과 자신의 권력에 대한 확고부동한 믿음이 있지만, 정작 가장 가까운 딸들을 잘 알지 못하고 자신을 진심으로 위하는 충신을 내칠 만큼 어리석다. 셰익스피어 비극의 모든 인물들처럼 《리어 왕》도 비극의 인물이 경험하는 불행을 경험하면서 그것을 통해 많은 교훈을 준다.

리어 왕은 아부 가득한 말로 아버지를 사랑한다고 거짓을 말하는 큰딸과 둘째 딸에게 재산을 다 물려주고, 자식의 의무를 다할 뿐이라고 무미건조하게 진심을 얘기한 막내딸에게는 재산을 한 푼도 물려주지 않는다. 나중에 두 딸에게 배신당하고 아버지로서 마땅히 받아야 할 사랑도, 선왕의 대접도 받지 못하자 그제야 자신의 처지에 대해 깨닫기 시작한다. 딸에게 재산을 물려준 후 아버지를 푸대접하는 딸과 다투는 장면에서 이 대사가 나온다.

여보게들, 내가 누구냐? 너희들이 나를 아느냐? 이 사람은 리어가 아냐. 리어가 이렇게 걷고 이렇게 말을 하더냐? 눈은 어디 갔지? 지혜는 어디로 갔냐고? 내가 깨어 있나? 아냐, 그럴 리가 없어. 내가 누구인지를 말해줄 사람이 없느냐?

믿었던 딸에게 배신당하고, 아무 쓸모없는 천덕꾸러기 노인네처럼 취급받으며 홀대를 당하고 내몰리자 자신의 무지와 어리석음을 후회하면서 내뱉는 대사다. 리어 왕처럼 우리는 큰 실패나 시련을 겪으면서 무너져 내릴 때

제임스 배리, 〈코델리아를 애도하는 리어 왕〉(1786~1788)

"불쌍한 내 바보가 죽었다. 생명이 없다 없어!"

프랑스의 왕비가 된 코델리아는 아버지 리어를 구하기 위해 군대를 이끌고 영국으로 진격했으나 싸움에 패배하여 결국 죽는다. 리어 왕은 죽은 딸을 붙잡고 절규하며 자신의 어리석음을 한탄한다.

자신이 누구인지 묻는 경우가 많다. 극한 상황에서 던지는 '나는 누구인가'라는 질문은 리어 왕처럼 자책이나 지금 자신이 처한 상황에 대한 부정의 의미를 내포한다. 하지만 '나는 누구인가'의 질문은 궁지에 몰렸을 때가 아니라 준비된 행복을 위해, 그리고 리어 왕처럼 어리석은 인간이 되지 않기 위해 가장 먼저 해야 할 질문이다. 다시 말해 우리가 인생을 제대로 살기 위해 시급히 던져야 할 질문이 '나는 누구인가'다.

소크라테스는 델포이 신전 입구에 새겨진 '너 자신을 알라'라는 격언을 화두로 삼아 '나'에 대한 관심이 앎에서 가장 중요한 문제임을 부각하여, 진리의 학문인 철학을 대중화한 인물이다. 소크라테스의 말은 네 분수나 처지를 파악하고 겸손하라는 그런 훈계가 아니다. 소크라테스의 주장은 진리를 알기 위해서는 자신의 무지를 선행 조건으로 깨달아야 한다는 뜻이다. 자신이 무엇을 모르는지 물으면서 기존의 잘못된 지식을 부정할 때 진정한 앎을 위한 탐구를 시작할 수 있기 때문이다. 너 자신을 알라는 말은 이론과 실천의 덕을 하나로 묶으면서 행복과 선을 동일하게 본 그리스인들의 전통에서 나온 말이다. 소크라테스는 자신이 세상에 대해, 인간에 대해 많은 것을 안다고 주장하면서 진리의 절대성을 부정하고 모든 것을 회의주의나 상대주의로 몰아간 소피스트들에 대항해 '무지의 덕'을 주장했다. 무지의 덕이란 앎을 위한 앎이나 추상적인 태도가 아니라 앎과 실천을 하나로 삼는 태도에서 강조하는 역설적인 지혜다. 무지의 덕의 출발점이 바로 너 자신을 알라는 명언이다. 이 질문에서 시작해 우리는 "내가 아는 것은 무엇이고, 모르는 것은 또 무엇인가?" 그리고 "세계는 무엇인가?", "어떻게 참된 지혜를 얻을 수 있나?" 등의 의문들에 대해 꼬리에 꼬리를 물고 질문을 이어가며 성찰할 수 있다.

먼저 나에 대해 알기 위해서는 그간 내가 안다고 생각한 '자아ego'의 본성과 기원, 그리고 자아에 대한 여러 논쟁을 알아야 한다. 자아 혹은 자기에 대해서는 특히 심리학과 정신분석 쪽에서 적지 않은 연구 결과가 발표되었다. 이 책에서는 그것을 다 일괄하기보다는 주로 논쟁을 중심으로 자아에 관한 이야기를 전개하려고 한다. 특히 정신분석 이론을 많이 참조할 것이다. 정신분석은 무의식적 욕망을 토대로 인간을 이해하면서 자아의 참된 본성에 대해 생각하게 해주며, 자아가 고정되어 있지 않고 끊임없이 변한다는 역동적 관점을 전제하기 때문이다. 무엇보다 지그문트 프로이트나 자크 라캉은 자아가 지닌 부정적인 속성이나 소외에 대해서 많은 이야기를 한다. 최근 우리나라에서 자아에 관한 긍정 심리학이나 치유와 행복을 강조하는 심리학이 많은 관심을 끌고 있지만 자아실현을 제대로 하기 위해서도 자아의 부정적 측면이나 위험성에 초점을 맞출 필요가 있다. 부정적인 것을 경계하다 보면 우리는 자연스럽게 긍정적인 면을 실현할 수 있기 때문이다.

　　자아는 긍정적인 면과 부정적인 면을 모두 갖고 있다. 그러므로 자아의 양면을 잘 알아야 하지만 쉽지는 않다. 가장 친숙하면서도 낯선 존재가 자아이기 때문이다. 영원한 이방인 자아를 만나기 위해 떠나보자.

자아의 문제

자기 도식과 자아

자아에 대해 알기 위해서는 스스로를 대하는 틀이라 할 수 있는 자기 도식을 먼저 이해할 필요가 있다. 우리는 성장 과정에서 많은 경험을 하면서 자기에 대한 일정한 판단의 틀과 도식schema을 갖는다. 도식이란 외부에서 들어오는 정보를 처리하고 조직화하는 데 사용되고 기준이 되는 인지 구조를 말한다. 자기에 관한 연구로 유명한 심리학자 헤이즐 마커스에 따르면 '자기 도식self-schema'은 과거의 경험으로부터 형성된 것으로 자기와 관련된 정보 처리를 구조화하고 안내하는, 자기에 관한 인지적 일반화다.* 쉽게 말해 내가 어떤 사람인지에 대한 정보를 주고 이에 부합되도록 행동하게 만드는 사유의 기본 틀이 자기 도식이다. 자기 도식 덕분에 우리는 큰 혼란 없이 자신에 대한 정보를 정리하면서 성격, 정체성, 삶의 목표를 설정할 수 있다. 예를 들어 자신이 음악을 좋아하고 음악에 소질이 있다면, 음악과 관련된 자기 도식이 중점적으로 발달하고 음악과 연관된 활동에서 많은 의미를 찾는다. 자기 도식이 만들어진 다음에는 다른 사람이 나에 대해 내리는 평가도 자기 도식에 따라 판단하는 경우가 많다. 예를 들어

---

* 헤이즐 로즈 마커스, 「자기 도식과 자아에 대한 정보 처리」, Journal of Personality and Social Psychology Vol. 35, Issue 2. 1977 참조.

다른 사람이 자신의 음악 활동에 대해 칭찬해주면 고무되어 더더욱 음악에 매진하며, 직업 음악가가 되려고 한다. 만약 자신의 음악에 대해 저평가하면 기분이 언짢거나 자신을 몰라준다고 화를 낼 것이다. 심하면 음악을 포기할 수도 있다. 이처럼 자기 도식은 자신에 대한 평가와 판단의 기준이 될 뿐 아니라, 자신이 어떤 모습이 될 수 있다는 가능성도 포함하고 있다.

그런데 자기 도식은 저절로 생기는 게 아니라 살면서 타인으로부터 받는 공통된 평가나 반응이 반영되어 만들어진다. 우리가 생각하는 자아 개념은 구조적으로 타인의 평가를 반영하기 때문이다. 자아 개념에는 경험과 행동의 주체가 되는 주관적 측면(I)과, 남에게 보여주고 남들이 평가하는 객관적 측면(me)이 있다. 심리학자 윌리엄 제임스는 자아 개념이 이 두 가지 요소를 다 포함한다는 사실을 강조했다. 제임스에 따르면 객관적 측면인 '나(me)'는 사람들이 그 사람의 특성으로 부를 수 있는 모든 것의 합을 말한다. 예컨대 신체 같은 타고난 특성, 역할이나 인격과 같은 사회적 특성, 심리적인 것을 아우르는 정신적 특성 등 어떤 사람을 정의할 수 있는 객관적 토대에서 정의되는 자아가 그것이다. 주관적 측면의 '나(I)'는 자신이 경험하는 것을 내적이며 주관적으로 조직하고 해석하는 일관된 자아의 행위적 측면을 말하는 것으로, 제임스는 이를

'이해하는 사람으로서의 자기self-as-knower'라고 불렀다.*
한마디로 경험적 주체의 속성이다. 제임스가 말하는 자아
에는 행동의 주체로서 간주되는 주관적 측면과 자신이 타
인에게 보이고 평가되는 대상적 모습이 모두 포함된다.

자아 개념이 이처럼 주관적 측면과 객관적 측면으로
나누어진다면 둘 사이에 괴리가 발생할 수밖에 없다. 심
리학자들은 이러한 불일치를 '자기 차이self-discrepancy'
라고 부른다. 자기 차이의 간격이 클수록 소외감과 불만을
많이 느낀다. 반대로 둘의 차이가 적다면 긍정적이고 안정
적인 자아상을 가지게 될 것이다. 그래서 심리학자들은 자
기 차이의 간극을 줄이고 자아를 발전시키기 위한 방법과
노력을 강조한다. 이른바 자아실현이 최근 심리학에서 많
이 강조되는 것도 자기 차이를 줄이면서 자아를 발달시키
려는 경향과 통한다. 그렇다면 무조건 자아를 긍정하는 게
좋은 방법일까?

특히 최근 우리나라에서는 경제 불황에 따라 개인이
느끼는 생존 압박이 더욱 심화되고 사회적인 위기가 가속
되면서 삶의 불안정성이 확대되고 있기 때문인지 치유, 행

---

*   제임스의 논의에 관해서는 다음 텍스트를 참고하였다: Willi-
     am Damon and Daniel Hart, 「The Development of Self-
     Understanding from Infancy through Adolescence」, Child
     Development, Child Development Vol. 53, No. 4, 1982.

복, 자아실현, 자존감, 성공의 가치를 강조하는 심리학 이론이 많은 관심을 끌고 있다. 자아와 삶의 가치를 긍정하는 이런 심리학을 보통 긍정 심리학이라고 부른다. 긍정 심리학에도 여러 경향이 있다. 그렇지만 대체로 인간이 원초적으로 느끼는 불안, 욕망, 폭력성, 이상 심리 등 부정적 측면보다 인간의 긍정적 본성과 삶의 가치를 살리고 개인이 가진 장점과 잠재력을 실현하면서 행복에 도달하는 것을 공통적으로 강조한다. 이들은 개인의 행복과 자기실현을 심리학의 제일 중요한 목표로 설정한다. 마틴 셀리그만, 앨버트 엘리스, 알프레드 아들러의 책이 국내에서 주목받고 있는데, 긍정 심리학은 이미 서구에서 크게 유행한 사조다. 정도의 차이는 있지만 이들은 문제 해결과 행복을 위해서 긍정적 사고와 의지의 중요성을 강조하면서 자아의 강화를 강조한다. 긍정 심리학자들은 기존의 심리학이 지나칠 정도로 병리적인 문제의 분석에 매달리는 것을 비판하면서 삶을 즐겁게 만들고 행복을 실현하기 위해 심리학이 더 생산적인 방향을 많이 제시해야 한다고 주장한다.

긍정 심리학은 최근에 생겨난 경향이 아니다. 이미 프로이트의 무의식과 성 이론이 지닌 지나친 억압 가설과 부정적 측면에 반발하면서, 프로이트가 죽은 직후에 사랑, 행복, 자아실현 등을 강조한 선구자들이 있었다. 에리히 프롬이나 하인즈 코헛 등이 그 대표자다. 《사랑의 기술》, 《소유냐 존재냐》, 《자유로부터의 도피》로 유명한 프롬은 인간 정신의 역동성을 강조한 프로이트와 생산력과 생산 관계의 종합인 생산 양식이 인간의 존재와 사회적 의식을 만든다는 마르크스 이론을 종합해 사회심리학을 개척한 사람이다. 더불어 개인의 내밀한 무의식에 지나치게 주목하는 프로이트나 경제 구조가 인간의 본질을 결정한다는 교조적 마르크스주의 해석에 반발하면서 자유의지와 인간의 상호 간 사랑을 통한 선과 행복을 적극 주장했다. 프로이트 정신 이론의 역동성과 마르크스 공산주의 사상이 내포한 휴머니즘을 사회적 맥락에서 재해석하면서 종합했다고 할 수 있다. 프롬은 소유에 대한 집착, 계급 차별과 착취를 정당화하는 파시즘적 권력이 인간의 존재 방식을 왜곡하고 자아의 실현을 방해한다면서, 사회적 차원에서 행복을 실현하자고 주장했다. 나아가 사회심리학적 입장에서 인간 소외를 비판하면서 자유를 향한 실존적 결단과 자유를 향한 투쟁을 주장했는데, 선과 행복이 가능하다는 프롬의 믿음은 긍정 심리학의 문제 의식과 통하는 점이 있다.

　　정신분석가였던 하인즈 코헛도 '자기' 개념을 이론의 중심에 두고 자기애의 긍정적 측면을 적극 발전시켜나갈 것을 주장했다. 코헛이 말하는 자기애는 프로이트의 '나르시시즘narcissism'을 긍정적으로 발전시킨 개념이다. 프로이트에 따르면 나르시시즘은 정상적인 성애의 발달을 이미 경험한 아이가 어떤 계기로 인해 외부로 투영된 성적 에너지를 회수해 자신에게 집중하는 병리 상태를 뜻한다. 프로이트는 인간의 성을 본능instinct이 아니라 육체와 정신 둘 다에 속하는 경계 개념인 충동drive을 통해 설명하면서, 인간은 태어날 때부터 이미 성적인 존재라고 주장해 스캔들을 일으킨 바 있다. 인간의 성은 최초에 자신의 몸의 쾌락에 집중하는 자가 성애 단계를 지나 외부 대상을 통해 쾌락을 추구하는 성숙한 단계로 발전한다. 자가 성애란 자기가 자기의 몸을 성적 대상처럼 대하는 원초적 상태로, 정상적인 과정에서는 대상 성애로 발전한다. 그런데 어떤 계기로 다시 자가 성애적 쾌락을 추구하는 유아기로 퇴행하는 것이 나르시시즘이다. 물론 나중에는 자기의 신체에 대해 동일시하는 심리적 원천으로 나르시시즘의 역할을 강조하면서 개념을 수정하기도 했지만 나르시시즘에는 병리적 측면이 더 많다.

코헛은 프로이트를 비판하면서 자기애가 지극히 정상적인 발달 과정이고, 긍정적인 측면이 더 많다고 주장하면서 자기 심리학을 개척한다. 그가 1971년에 펴낸 《자기의 분석》에서 제시한 자기 심리학 이론은, 프로이트가 자가 성애 단계의 원초적 나르시시즘이 대상적 사랑으로 발전한다는 리비도의 동일 본성 이론을 주장한 것과 달리 나르시시즘과 대상애가 각각 독립적으로 발전한다고 가정하면서 자기의 발달과 강화를 정신분석의 목표로 삼는다.

미국 정신분석학회가 만든 《정신분석 용어 사전》을 보면 자기 심리학은 자기를 응집력 있는 전체 단위로 조직하며, 자신의 내적인 이상과 긍정적 가치를 투여해 외부 세계와 견고한 관계를 설정하려는 욕구가 인간 심리의 가장 중요한 동인이라는 점을 강조하는 흐름이다. 프로이트의 이론이 정신의 내적 갈등과 무의식적 충동, 욕망의 힘을 강조한다면 코헛은 건강하고 통합된 자기를 만들고 유지하는 것이 가장 중요한 일이라 주장하면서 정신분석의 이론과 임상 목표를 새롭게 바꿨다. 아이는 부모의 긍정적 수용과 공감을 통해 제공되는 자기 대상에 고무됨으로써 능동적이고 창조적인 자기를 만들 수 있으며 치료에서도 이런 부분을 강조해야 한다는 것이다.

그런데 긍정 심리학, 실존주의적 정신분석, 자기 심리학이 주장하는 대로 자아가 안정적인 통합체로서 외부 세계나 타자와 긍정적 소통을 하며, 이상을 실현할 수 있을까? 라캉은 자아의 기원과 본성에 대해 '거울 단계mirror stage'와 '상상계imaginary'라는 개념을 통해 접근하면서 자아의 소외적 본성에 대한 유용한 통찰을 제시했다. 라캉에 따르면 자아는 주체를 대신해 주인 행세를 하면서 우리를 소외시키는 상상적인 것이다. 그는 자아의 역할을 강조하는 모든 자아 심리학적 경향을 비판하면서 정신분석을 무의식적 주체에 관한 이론으로 새롭게 재해석한다. 라캉의 논의를 참조하면 우리가 잘 알지 못했던 자아의 상상적 본성을 살펴볼 수 있다.

상상계와 자아의 허상

긍정 심리학뿐 아니라 심리학은 대체로 자아에 대해 긍정적이고, 자아실현의 중요성을 강조한다. 기본적으로 심리학은 인간의 의식과 겉으로 드러난 행동이 일치한다는 사실을 전제한다. 심리학은 인간 행동과 심리가 일정한 법칙에 따라 움직인다고 보며, 그것을 주관하는 기관이 자아라고 본다. 그런데 프로이트는 의식이 아니라 억압되고 감춰진 무의식이 마음의 본질을 이룬다고 말하면서 심리학과 다른 주장을 한다. 프로이트는 인간의 자존심에 상처를 입힌 세 가지 지적 혁명에 대해 이야기한다. 최초의 일격은 코페르니쿠스의 지동설로 지구가 더 이상 우주의 중심이 아니고 행성에 불과하다는 천문학적 진리를 선포한 사건이다. 두 번째는 다윈의 진화론으로 인간을 만물의 영장이라는 자리에서 끌어내린 혁명이다. 세 번째 혁명은 프로이트 자신의 무의식의 발견으로 인간이 합리적이고 이성적 존재라는 믿음에 금이 가게 했다. 이 세 번의 패러다임의 변화 때문에 인간이 우주와 자연계의 중심이자 특별

한 존재라는 자부심이 뿌리째 흔들리고 과학적인 인간 이
해의 새 지평이 열린다.[*]

프로이트는 자신이 창안한 정신분석학의 본질을 보
여주고 이를 심리학과 구별하기 위해 메타심리학metapsy –
chology이라고도 불렀다.[**] 메타심리학이란 심리학이 다루
는 대상 너머에 있는 무의식을 다루는 초심리학이라는 뜻
이다. 심리학이 실험, 통계, 관찰, 면접 등 경험적이고 과
학적인 방법론을 통해 분석 가능한 인간 심리와 행동을 탐
구한다면 정신분석은 겉으로 드러나지 않고 의식을 속이
는 무의식의 탐구에 주력한다. 무의식이란, 의식에서 보면
의식을 뒤집는 것이고 은폐하는 것이다. 이 무의식이 가장
많이 포함된 곳이 '이드id'다. 프로이트는 이드를 정신의
본래 현실이라고 불렀는데 이드는 곧 자아와 초자아의 뿌
리이기도 하다.

이드는 인간을 움직이는 본능적 에너지 리비도의 저
장고이며 욕망에 충실하고 무제한의 만족을 추구하는 속
성을 지닌다. 프로이트는 이드가 쾌락을 추구하고 불쾌한

---

[*]   인간의 자존심에 모욕을 가한 세 가지 혁명은 1917년에 출
        판한 프로이트의 《정신분석 입문A General Introduction to
        Psychoanalysis》 중 〈열여덟 번째 강의〉에 나온다.

[**]   프로이트의 메타심리학의 마음 모델에 대해서는 캘빈 S. 홀의 《프
        로이트 심리학 입문》(안귀여루 옮김, 범우사, 1996)을 참고하라.

것을 피하는 '쾌락 원리principle of pleasure'의 지배를 받는다고 말한다. 쾌락 원리는 내부와 외부에서 오는 자극 때문에 유기체에 쌓이는 흥분을 방출해 긴장을 완화하는 방식으로 유기체가 움직이도록 동기를 부여한다. 또 쾌락 원리는 방해물 없이 가장 빠른 경로로 움직인다.

이드가 현실에 적응하기 위해 자신으로부터 분화시켜 발달시킨 부분이 바로 자아다. 자아는 이드와 달리 본능을 지연할 줄 알고 우회시키기도 하는데, 현실과 관계 속에서 욕구를 합리적 방식으로 충족시키기 위함이다. 자아는 현실과 교류하는 가운데 지각, 기억, 사고 같은 복잡하고 정교한 정신적 작용을 발달시킨다. 그래서 의식이나 사유와 같은 고도의 인간적인 작용을 담당하는데, 자아를 지배하는 이러한 원리를 '현실 원리principle of reality'라 부른다.

세 번째로 사회적인 것을 대변해 인간 안에 도덕을 강제하는 '초자아superego'가 있다. 초자아는 부모의 목소리와 권위를 아이가 내면화하면서 자아에서 분화해 만들어진다. 자아가 닮고 싶어 하는 이상적 자아와 자아가 잘못할 때 질책하는 양심의 두 부분으로 이루어지며 '도덕 원리principle of morality'의 지배를 받는다. 초자아는 오이디푸스 콤플렉스가 해소되는 과정에서 부모의 엄하면서도 자애로운 이미지를 아이가 동일시하는 과정에서 내부의 목소리처럼 만들어진다.

프로이트는 이처럼 이드, 자아, 초자아가 마음의 중요한 구성 요소라고 설명하면서 셋이 마음의 주도권을 놓고 다투는 역동적인 마음 모델을 제시한다. 그런데 이드는 물론이고 자아와 초자아의 상당 부분도 무의식적인 부분을 포함하고 있다는 것이 프로이트의 설명이다. 고도의 사유와 추상적인 정신의 작용을 담당하는 자아도 무의식에 영향을 받기 때문에 자신의 진실을 모를 수 있다는 얘기다. 리어 왕이 참과 거짓을 분별하지 못하고 파멸한 것도 어리석음 때문일 수도 있지만 지나친 자기 확신과 오만함이라는 자기방어에도 원인이 있다. 리어 왕은 모든 것을 잃고 나서야 자신의 참모습을 들여다보게 된다. 이처럼 자기기만은 착각뿐 아니라 무의식적인 요인에 의해서도 일어날 수 있다. 자아 심리학이나 긍정 심리학의 주장처럼 자아는 그렇게 투명하고 합리적이지 않다.

프로이트의 메타심리학에서는 자아가 중요한 역할을 한다. 이드와 초자아를 달래고 현실의 요구도 살피면서 인간을 보호하는 주된 역할을 하기 때문이다. 그런데 자크 라캉은 자아가 우리를 속이고 예속시키는 상상적 산물이라는 점을 분명하게 강조한다. 라캉은 자신의 저서 《에크리Écrits》에서 자아의 본성에 대해 다음과 같이 얘기한다.

우리가 말하는 자아는 상상적인 예속과 절대로 분리되

지 않는다. 상상적 예속은 자아를 머리끝부터 발끝까지, 그리고 그의 지위에서 기원, 그리고 그의 현실태에서 기능까지 타자를 통해 그리고 타자를 위해 구성한다.

라캉에 따르면 자아가 우리를 상상적인 예속에 빠뜨리는 것은 자아 자체가 타자적인 속성을 지니고 있기 때문이다. 라캉은 프랑스의 심리학자 앙리 왈롱Henry Wallon이 먼저 주창한 거울 단계 이론을 통해 자아의 발생을 설명한다.[*] 미성숙한 아이는 자아나 타자의 개념도 없고 모든 감각이 혼재되어 있어서, 내부와 외부의 구별을 전혀 하지 못한다. 엄마가 자신을 안고 있으면 엄마와 자신을 한 덩어리처럼 느낀다. 그러다가 생후 6개월에서 18개월 사이에 거울에 비친 자신의 모습을 알아보기 시작한다. 이 지각의 순간에 아기와 함께 거울을 들여다보며 아이의 모습을 분리된 자아로 확신시켜주는 어머니의 존재가 큰 역할을 한다. 자기를 알아보는 이 순간 아이는 쾌락을 느끼며 자신의 이미지에 동일시를 한다. 동일시를 통해 아이는 자신이 비로소 존재한다는 확신을 갖게 되고, 이후로 자아를 중심으로 타자와 외부 대상과 관계 설정이 가능해진다. 이처

---

[*]   앙리 왈롱의 논의에 관해서는 엘리자베트 루디네스코의 《자크 라캉 1: 라캉과 그의 시대》(양녕자 옮김, 새물결, 2000)를 참조.

럼 아이가 거울에 비친 자신의 모습을 자신의 것으로 알아보고, 이 이미지에 사랑을 느끼며, 거울상을 매개로 자아를 통합된 단위로 인식해나가는 순간이 바로 거울 단계다.

그러나 거울 단계는 자아가 만들어지는 순간이면서 거울 이미지에 의해 소외되는 순간이기도 하다. 6~18개월 시기 아이는 실제로 몸의 통제력을 온전히 갖지 못한 채 자신의 몸을 파편화된 형태로 느끼지만 거울에 비친 몸은 온전한 통합체로 나타나기 때문에 아이는 혼란을 느끼기도 한다. 이러한 혼란과 불안을 감추고 자신이 완전하다고 믿게 만드는 것이 자아의 본성이다.* 라캉이 거울 단계가 출발점이 되는 자아의 세계를 상상계라 부르는 것은 이 세계가 이미지에 매혹당하면서 자기를 잘못 인식하는 기능을 하기 때문이다. 라캉에 따르면 자아란 거울에 비친 이미지들이 만들어내는 효과일 뿐이며 주체가 아니다. 라캉이 자아 심리학에 대해 비판하고, 자아가 아니라 무의식 속에서 진정한 주체의 자리를 찾아야 한다고 주장하는 것도 자아가 근본적으로 타자적인 대상이기 때문이다. 그러나 우리는 이미지에 대한 동일시와 애착을 통하지 않고서는 나의 존재에 대해 알 수가 없다. 주체는 늘 타자화된 이 자아의 이미지를 통해서 스스로를 알아보고 스스로 존재

* 손 호머, 《라캉 읽기》, 김서영 옮김, 은행나무, 2014 참조.

© Paul(crimfants)

거울을 들여다보면서 기뻐하는 아이

침팬지는 인간의 아이보다 거울 속 이미지가 자신이라는 것을 더 빨리 알지만 별 흥미를 보이지 않는다. 반면 아이는 거울 이미지가 자기라는 것을 발견하는 순간 엄청난 기쁨을 느끼며 매달린다.

한다는 것을 느낄 수밖에 없다.* 그렇기 때문에 자아는 구조적으로 자기기만과 소외에서 벗어나기가 힘들다. 우리는 이처럼 거울을 통해 매개된 타자적 자아와 우리가 늘 마주하는 또 다른 타자들(타인)에 의해 이중적으로 영향을 받는다.

자아와 타자

프랑스의 시인 아르튀르 랭보는 "나는 타자다Je est un Autre"라는 유명한 말을 남겼다. 랭보는 être 동사(영어의 be 동사)의 3인칭 단수 변형(est)을 사용함으로써 자아가 타자적인 속성을 갖는다는 것을 암시했다. 라캉도 시인의 이런 통찰력에 고무받아 거울 단계를 통해 자아가 근본적으로 타자라고 강조한다. 라캉은 "인간의 욕망은 타자의 욕망이다"라는 말을 통해 그의 욕망 이론을 요약했다. 랭보나 라캉은 이미 내 안에 타자가 들어와 있으며, 그것이 나의 정체성과 욕망을 구성한다고 주장한다. 보통 나는 나고 타자는 타자라고 생각하지만, 시인 랭보나 정신분석가 라캉은 내가 곧 타자고 타자가 곧 나라는 점을 강조하는 것이다.

* 김석, 《에크리》, 살림, 2007 참조.

여기서 자아와 타자의 관계는 두 측면에서 볼 수 있다. 하나는 자아 자체가 타자적인 대상이라는 의미다. 결국 나는 나 자신에 대해 잘 알지 못하며 자아가 낯설 수 있다는 사실을 우리는 알아야 한다. 자아는 가장 낯선 것이면서 또 가장 친밀한 '타아alter-ego'이다. 하지만 우리는 자아의 이런 타자적 속성을 쉽게 파악하지 못한다. 다음으로 자아는 그와 마주하는 다른 타자other에 의해 너무도 많은 영향을 받는다. 타아와 타자는 상보적으로 작용하면서 인간을 기만하고 소외시키기도 한다. 자아 자체가 주인 행세를 하면서 나를 속인다. 또 우리는 알게 모르게 타자한테 많은 영향을 받기도 한다.

이처럼 우리의 인격이란 내적인 것일 뿐 아니라 외부의 여러 요인이 같이 만들어낸 복합적인 요소다. 또 내 욕망이라고 믿는 것도 타자로부터 온 것이 많다. 이것은 자아의 속성에서 기인한다.

라캉은 거울 단계를 통해 자아는 거울에 비친 나의 신체 이미지에 대한 매료와 동일시를 통해 만들어진다고 설명한다. 여기서 거울은 반드시 물리적인 거울만이 아니라 나의 존재와 흔적을 반영하거나 나에게 반응하면서 내 존재를 확인해주는 모든 것을 포함한다. 아기에게는 그에게 반응해주는 엄마가 거울이며, 예술가에게는 그의 혼이 담긴 작품이 거울이다. 우리가 애착을 갖고 일상적으로 사용하는 물건들도 나의 거울 역할을 한다. 이처럼 인간은 거울을 통해서 '내가 존재한다'라는 심리적 확실성을 가질 수 있고, 거울은 인간의 자기 정체성 형성과 유지에 핵심 역할을 한다. 어린아이들이 어른 흉내를 내면서 소꿉놀이를 하거나 장난감 같은 대상에 집착하는 것도 거울을 들여다보면서 자신을 확인하려는 심리와 유사한 행동이다. 어떻게 보면 샘물에 비친 자신의 얼굴을 황홀하게 들여다보는 나르키소스는 인간 모두의 거울에 대한 집착을 보여주는 상징적 인물이다.

그런데 거울상이나 나의 존재를 반영한 모든 흔적들은 결국 이미지일 뿐이고, 나의 진짜 존재는 아니다. 마치 나르키소스를 죽음에 이르게 한 그의 그림자처럼. 이렇게 타자의 이미지에 동일시하면서 그것이 자신이라고 굳게 믿는 상태가 소외alienation다. 그러나 주체는 이 소외를 벗어날 수 없다. 주체는 타자(거울 이미지) 속에서 자신을 알아볼 수밖에 없기 때문이다. 그러나 이 거울 속 타자는 가장 나를 닮아 있으면서, 가장 이질적인 대상이다. 자아가 이런 상상적이고 기만적인 속성을 갖고 있기 때문에 인간의 욕망은 즉자적이 아니라 늘 타자의 욕망에 의해 이끌릴 수밖에 없다. 자아가 우리를 기만하고 속이는 속성에 대해서는 3장에서 자세하게 분석할 것이다.

타자 이미지에 의한 소외는 타자와 관계에 의해 더

욱 구조화되고 가속된다. 독일 본 대학의 신경경제학자 아르민 팔크Armin Falk는 인간의 본질을 '호모 레시프로칸스 homo reciprocans'라고 정의 내렸다. 호모 레시프로칸스는 다른 사람이 나를 어떻게 보는지 염두에 두면서 이에 따라 행동하는 인간을 말한다.* 호모 레시프로칸스적 면모는 인간이 손해를 보거나 보상 동기와 맞지 않더라도 이타적 행동을 하는 이유를 알려준다. 협력과 이타적 행동, 도움을 주는 이유, 때로 자기희생을 무릅쓰는 도덕적 행동도 인간이 의식적, 무의식적으로 늘 타인의 존재와 시선의 영향을 받는다는 것을 고려하면 쉽게 이해할 수 있다.

타인의 존재는 특히 인간 욕망의 형성에 절대적이다. 인간의 욕망은 본능에서 비롯되는 동물적 욕구와 다르다. 인간은 자연적 대상이 아니라 사회적 가치가 부여된 것에 욕망을 느낀다. 프랑스의 문화인류학자인 르네 지라르는 인간의 욕망이 모방적 본성을 가졌고 모방에 의해 시작되었다고 주장했다. 지라르에 따르면 인간은 즉자적인 욕망이 없으며, 인간의 욕망은 늘 타인의 욕망을 매개 삼아 발생한다.* 다시 말해 주체는 어떤 대상과 직접적인 관계를 가지지 않고 타인이 욕망하는 것을 보면서 그의 욕망을 모

* 프리트헬름 슈바르츠, 《착각의 과학》, 김희상 옮김, 북스넛, 2011 참조.

델 삼아 대상에 대해 욕망을 느끼고 타인과 경쟁하면서 그 욕망 대상과 관계를 갖는다. 욕망은 모방적이기 때문에 인간적인 것이고, 문화적 양상에 속한다. 지라르는 모방적 욕망이 심해지면 욕망 대상을 둘러싸고 상호 갈등이 커지면서 폭력이 발생한다고 말한다. 결국 폭력으로 인한 자멸을 막기 위해 공동체는 제삼의 인물을 정해 모든 위기의 책임을 전가하는 희생 제의를 가져왔으며 이 과정에서 문화가 만들어진다고 설명한다. 지라르는 모방적 욕망 이론을 통해 폭력의 발생은 물론, 그것을 해소하는 과정에서 희생양 제의를 통해 집단의 결속과 정체성이 강해지고 문화가 발생하는 메커니즘을 설득력 있게 전개한다.

현대 소비사회가 작동하는 것을 보면 지라르가 말하는 모방적 욕망을 확실하게 느낄 수 있다. 언뜻 생각하면 소비자가 능동적으로 상품을 선택하고 소비하면서 욕망을 실현하는 것처럼 보이지만, 인간은 미디어가 특정한 의미와 가치를 부여한 대상에 대해 욕망을 느낀다. 현대사회에서 인간은 효용성이나 상품의 사용가치를 따지면서 합리

---

*   지라르는 그의 저서 《그를 통해 스캔들이 왔다Celui par qui le scandale arrive》(1960)에서 인간의 욕망 혹은 열정이라고 부르는 것은 우연히, 혹은 가끔씩 모방적인 것이 아니라 항상 모방적이라고 말한다. 우리의 욕망은 타인에서 나오며, 그 점에서 욕망은 아주 사회적인 것이라고 본다.

적으로 소비를 하는 게 아니다. 특정 상품이 남들에게 어떻게 받아들여지고, 사회가 그 대상에 어떤 기호를 부여하였는가를 의식하면서 현대인은 자발적으로 강요된 소비를 한다. 상품은 이제 사용가치를 넘어 특정한 의미를 지시하는 기호로 소비되고 있으며, 인간은 기호를 통해 욕망을 실현한다. 예를 들어 우리 사회에서 어떤 자동차를 타는지는 자신의 신분과 소비 안목을 보여주는 상징이 되었다. 또 스타벅스의 커피는 단순한 커피가 아니라 문화 현상이 되었다. 또 동일한 상품에 대해 높은 가격을 기꺼이 지불하려는 과시적 소비나 명품에 집착하고 명품을 통해 우월감을 과시하려는 행동은 이미 기호의 논리에 따라 움직이는 소비 행태를 잘 보여준다. 현대 소비사회는 차이에 대한 인간의 욕구를 상품의 구입과 사용을 통해 해소하도록 강요하면서 모든 것을 상품의 순환 속에 끌어들인다.

장 보드리야르가 말하는 소비의 논리는 인간의 욕망이 모방적이라는 지라르, 그리고 타자의 욕망이 곧 나의 욕망이라는 라캉의 사상과 통한다. 인간 욕망은 타자의 욕망에 의해 시작되며, 타자의 욕망을 구조적으로 욕망할 수밖에 없다. 그래서 무한정 욕망을 추구하다 보면 오히려 만족이 아니라 결핍감만 더 커지며, 자기 소외가 더 심해진다. 또 상품 순환 논리가 점점 확장되면서 상품화되지 말아야 할 것도 상품으로 변질되고 있다. 인간의 육체가 상품처럼 취급된 것은 이미 오래전이며, 인간의 감정, 인간관계, 정서처럼 인간에게 고유한 것조차 상품화되고 있다. 오늘날은 무의식적으로 거의 모든 사람이 자기 스스로를 교환가치로 평가하면서 상품화 논리에 빠지고 있다. 에리히 프롬은 인간이 자신을 시장에서 판매하기 좋은 어떤 상품처럼 인식하는 것을 '시장 지향성'의 모습이라고 비판했다. 시장 지향성 인간은 결국 소비를 통해 남에게 연출되고, 보이는 자아에 매달리면서 소외로 인해 점점 더 고통을 당하기 마련이다.

자아에 대한 앎

어떻게 하면 자아에게 속지 않고, 인간 소외를 극복하면서 참된 행복에 도달할 수 있을까? 현대사회에서 인간 소외는 더 심해지고 구조화되고 있지만 우리는 그 사실조차 모르는 경우가 많다. 그러므로 자아실현이나 행복을 강조하기 전에 자아에 대해 물음을 던지고 자아 자체를 앎의 대상으로 삼아야 한다. 소크라테스는 정치에 입문하려는 유망한 청년 알키비아데스에게 자신에 대한 무지가 가장 시급한 문제라고 충고한다. 소크라테스의 유명한 말인 "너 자신을 알라"가 최초로 등장하는 대화록이 바로 《알키비아데스》다. 소크라테스는 외모는 물론 웅변술도 탁월하고 정치인으로 큰 성공을 꿈꾸던 야심가 청년 알키비아데스에게 자신을 제대로 알아야 혼돈 속에서 헤매지 않고, 진정한 힘을 가질 수 있다고 말한다. "너 자신을 알라"는 소크라테스의 가르침이자 그가 후견한 청년에게 주는 충고이기도 하다. 그러나 무작정 자기를 들여다보고, 자기에 대해 명상한다고 해서 자기를 잘 알 수는 없다. 잘못된 자아의 정체성에 대해 공부하고, 자아의 본성을 제대로 알아야 우리는 속지 않는다. 앞으로 이 책에서 우리가 잘 알지 못하는 자아의 모습들에 대해 살펴보려고 한다. 2장부터 5장까지에서 소개할 '낯선 자아', '속이는 자아', '병든 자아', '변하는 자아'가 그것이다.

이런 모습들은 우리가 일상적으로 잘 안다고 생각하는 자아의 또 다른 면이고, 그간 우리가 제대로 주목하지 못한 그늘진 측면이다. 우리는 어느 정도 고정화된 자신의 특성이나 유형화를 통해 자신에 대한 일관된 도식을 만든다. 예를 들어 자기에 대한 종합적인 정보를 바탕으로 안정적이고 통합적이며 남에게 제시할 수 있는 자기의 모습을 머릿속에 그린다. 자아에 관한 조직화된 이런 신념은 과거 경험에서 발전되며 개인의 성격 특성, 능력, 신체적 특징, 목표 및 사회적 역할들과 관련이 있다. 자아는 스스로에 대해 일관성을 가지려고 한다. 자기 도식이 시시각각 변하고 뒤섞인다면 우린 자신의 정체성에 대해 제대로 판단을 내릴 수 없으며, 삶을 영위할 수도 없기 때문이다.[*] 그러면서 현재의 자기를 바탕으로 앞으로 되어갈 또 다른 가능한 자기를 통제할 수 있는 범위 내에서 만들려고 노력한다. 이 과정에서 동기, 이상, 자존감, 가치관은 중요한 역할을 한다. 이런 요소들의 중요성과 자아실현을 강조하는 것이 위에서 언급한 자아 심리학이나 자기 심리학, 혹은 긍정 심리학이다.

그러나 살면서 자신도 모르는 자신의 낯선 모습이 발견되기도 하고, 억압된 욕망과 사회적 압력이 충돌해 정신적 문제를 발생시키기도 한다. 또 나도 모르게 작동하는 어떤 편향성이나 고정관념, 혹은 자신을 합리화하려는 방어기제가 작동해 우리를 자기기만에 빠뜨리는 경우가 너무 많다. 자아실현을 한다고 하면서 오히려 잘못된 모습만 더 키울 수도 있다. 타인의 거짓말에 속는 것은 경계심을 갖고 훈련을 하면 어느 정도 방어할 수 있지만 자기가 자기에게 속는 자기기만은 벗어나기가 어렵다. 똑똑하고 많은 교육을 받은 사람들도 가끔 엉뚱한 판단을 내리거나 잘못된 고집을 부려 스스로를 망치는 경우를 너무 많이 보지 않는가?

[*] 웨인 웨이튼, 《생활과 심리학》, 김정희 옮김, 시그마프레스, 2009 참조.

또 자아는 어떤 계기가 생기면 극적으로 변하기도 한다. 내가 예전에 알던 아주 착실하고, 참 상식적인 친구가 있었다. 대인관계나 사회생활에서 성실하면서도 남과 조화도 잘 이루던 사람이었다. 그런데 어느 날 가족의 권유 때문에 당시 사교邪敎처럼 인식되던 모 종교 집단의 여름 캠프를 다녀온 후 완전히 그쪽으로 빠지면서 전혀 다른 사람처럼 변해 충격을 준 적이 있다. 그를 잘 알던 친구와 선후배들이 많이 만류했는데도 생각을 바꾸지 않았고, 우리 기억에서 그렇게 멀어져갔다.

이처럼 자아는 여러 속성을 가지고 있다. 자동차 구조에 대한 지식이 없는 사람은 자동차를 잘 운전하고 관리하기가 어렵다. 요행으로 몇 번은 자동차를 움직일지 모르지만 결국 자동차 구조를 모르면 망가뜨리거나 제 기능을 잘 활용하지 못한다. 자동차를 잘 이용하기 위해서 자동차에 대해 알아야 하는 것처럼 우리는 자아에 대해 알아야 한다. 상식적으로 알고 있는 그런 모습이 아니라 그간 잘 살피지 못했던 자아의 속성들을 공부할 필요가 있다. 물론 자아에 대해 잘 알아도 우리는 속을 수 있다. 하지만 자기가 속을 수 있다는 것을 알면서 속는 사람과 속는 줄도 모르고 속는 사람은 다른 삶을 살 수밖에 없다. 진정한 친구를 사귀기 위해 많은 대화를 나눠야 하는 것처럼 가장 친하면서도 가장 낯선 친구인 자아를 찾아보자.

②

낯선 자아

두려운 낯설음

프랑스의 정신분석학자 줄리아 크리스테바는 《우리 안의 이방인Étrangers à nous-mêmes》이라는 책에서 우리 가운데 있는 낯선 타자의 모습을 언급한다. 크리스테바가 말한 이방인은 우리와 같은 공간에 있으면서 낯설고 수용하기 힘든 그런 타자를 말한다. 크리스테바는 이 이방인에 대해 다음과 같이 묘사한다.

기묘하게도 그 이방인은 우리 안에 살고 있다. 그는 우리 정체성의 숨겨진 얼굴이며, 우리의 거처를 난파시키는 공간이며, 화합과 친근함을 훼손하는 시간이다. 그 이방인을 인정함으로써 우리는 그를 그 자체로 혐오하는 것을 피할 수 있다.

이 낯선 이방인은 주체의 공간에도 타자의 공간에도 온전히 속하지 못하고 경계에 머무는 그런 존재다. 이방인에 대한 생각은 나중에 우리가 혐오하면서 배척하는 대상을 지칭하는 '애브젝트abject'라는 개념과도 연결된다. 자아는 어떻게 보면 크리스테바가 말한 이방인 같은 존재다. 이방인들처럼 나의 정체성에 속하면서 때로 아주 낯선 모습으로 나를 위협한다. 낯선 자아는 자아의 속성과도 연관이 있는데 프로이트에게 그러한 생각의 단초를 찾아볼 수 있다.

프로이트는 1919년에 발표한 짧은 논문 「두려운 낯설음Das Unheimlich」에서 재미있으면서 기묘한 영화 같은 일화를 소개한다. 프로이트가 어느 날 기차 여행을 하고 있었다. 기차가 덜컹거리면서 화장실로 통하는 문이 열렸다. 그 순간 잠옷 차림에 여행용 모자를 쓴 어떤 노인이 자기 방으로 들어오는 것이 보였다. 프로이트는 그 노인에게 방을 잘못 찾았다고 알려주기 위해 자리에서 일어났다. 바로 그 순간 자기 방으로 들어온 그 노인이 거울에 비친 프로이트 자신이라는 것을 알게 된다. 순간적이나마 자기가 자기를 전혀 알아보지 못하고 마치 타인처럼 대한 것이다. 프로이트는 타자처럼 보인 자신의 모습이 혐오스럽고 두렵기조차 했다고 고백한다.

짧았지만 강렬했던 이 낯선 경험에 대해 프로이트는 많은 생각을 한다. 거울에 비친 자신의 모습은 왜 친근하지 않았을까? 또 분신처럼 보인 이미지가 두려운 것은 무엇일까? 자기가 자기를 타자처럼 느끼는 이 일화에 대한 분석을 토대로 프로이트는 '두려운 낯설음uncanny'이라는 용어를 구상했다. 그리고 그 개념을 중심으로 정신분석학 미학이론의 중요한 이론들을 확립한다. 프로이트는 두려운 낯설음이라는 현상을 친숙하고 편한 것heimlich이 어느 순간 낯설게 느껴질 때의 경험이라고 독일어 어원 분석을 통해 설명한다. 내 집, 내 물건, 자아처럼 내게 속한 것이 낯설

뿐 아니라 두렵게 느껴지는 것은 그 대상에서 내가 전혀 알지 못하던 모습을 발견하는 순간에 일어난다. 프로이트가 개념화한 두려운 낯설음은 무엇보다 분신 이미지와 관련이 있다. 분신은 나와 닮아 있으면서 이질적인 것이다. 낯선 자아의 모습은 분신이 상징하는 무의식과 연관이 있다.

프로이트는 언캐니 현상을 무의식적인 것을 드러내는 예술적 체험과 연관시키면서 기존과 전혀 다른 미학 이론을 전개했다. 예술이란 아름다움을 만드는 특별한 기술이지만 사물을 완전히 새롭게 보도록 만드는 창조의 형식이기도 하다. 특히 친근하면서 늘 가까이 있는 대상들을 어느 순간 완전히 낯설고 아주 새로운 느낌을 갖도록 만드는 창조 작업은 우리를 즐겁게 하고 놀라게 만든다. 예술 작업이나 감상을 통해 평범한 대상이 예술 작품이 된다. 예컨대 그 유명한 뒤샹의 〈샘〉을 살펴보자.

여기서 작가는 무언가를 새로 만든 것이 아니다. 그냥 우리가 화장실에서 사용하는 진짜 변기를 가져와 서명을 한 후 예술 작품으로 출품했다. 작가의 서명과 전시라는 약간의 노력을 통해 평범한 변기는 새롭고 낯선 변기가 된다. 변기는 변기이면서 샘이기도 하고, 샘이면서 샘이 아니기도 하다. 새로운 형식화를 통해 동일한 변기가 새로운 느낌과 미적 영감을 주는 예술품으로 탈바꿈한다. 지금이야 별것 아니지만 이런 발상의 전환이 현대미술의 시작을 알렸다. 평범한 대상에 예술적이고 미학적인 형식과 몇 가지 아이디어를 더하면 이전에 그 대상에서 느끼지 못했던 다른 감정이나 미적 쾌감을 얻게 되고, 그 대상을 통해 삶에서 새로운 발견을 한다.

프로이트에 따르면 일상에서 경험하는 놀람은 특히 억압된 것의 귀환과 관계되며, 예술을 통해 우리는 이런 체험을 심미적 차원에서 조금 편하게 할 수 있다. 초현실주의자들은 특히 프로이트가 개념화한 두려운 낯설음을 예술의 모티브로 삼았다. 꿈, 환상, 죽음, 반복이 초현실주의자들이 즐겨 표현한 소재들이다. 이것들은 다 억압되고 감춰진 것의 회귀와 관련이 있다.

꼭 예술적 형식이 아니더라도 일상에서 친근하면서도 때로 가장 낯설게 경험하는 대상은 프로이트의 경험처럼 '자아'다. 자아는 너무 친숙하여 존재 자체를 의식하지 못하지만 어느 순간 가장 낯설게 다가올 수도 있다. 자아가 낯선 이유는 우리가 모르는 또 다른 모습을 가지고 있기 때문이다. 그리고 그 모습은 억압된 무의식과 관계가 있다. 프로이트는 언캐니 현상을 일상을 뚫고 억압된 것이 회귀하기 때문에 나타나는 광범한 현상으로 보았다. 무의식이란 의식이 수용하기 힘든 표상이나 기억을 의식에서 추방한 억압 때문에 발생한다. 그런데 무의식에 속하는 것은 사라지지 않고 다시 돌아오기 때문에 이런 과정에서

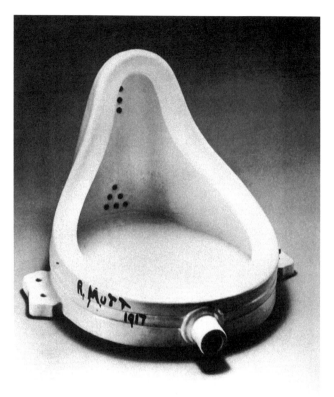

마르셀 뒤샹, 〈샘〉(1917)

예술은 사물을 완전히 새롭게 보게 한다

뒤샹은 레디메이드 작품들을 통해 일상과 예술이 뒤섞여 있으며, 예술은 대상이 아니라 그것을 보는 우리 시각에 의해 결정된다는 것을 보여주었다.

'두려운 낯설음'이라는 현상을 동반한다. 억압된 것이란 의식이 거부하거나 싫어하는 대상이라는 말인데 이것이 의식의 검열을 뚫고 다시 나타난다면 마치 죽은 자가 돌아온 것처럼 느끼지 않겠는가? 자아에는 이런 억압된 모습이 있다. 프로이트는 '두려운 낯설음'이라는 용어를 통해 무의식적인 것이 얼마만큼 광범하게 일상에 침투하면서 일상의 질서를 전복하는지 보여주고자 했다.

자아가 낯선 것은 우리 마음의 구조와 관련이 있다. 우리는 의식에 들어오고 의식이 수용하는 기억, 표현, 사고 등이 더 중요하며, 의식의 담지자인 자아가 보통 우리 인격의 실체를 이루는 핵심이라고 생각한다. 의식은 우리가 잘 아는 부분이다. 하지만 프로이트는 자아는 우리 인격의 미미한 부분일 뿐이며, 원초적 욕망을 대변하는 이드나 사회적인 목소리를 강제하는 초자아가 나의 모습을 만드는 데 더 중요한 역할을 한다고 강조한다. 이드적인 것뿐 아니라 자아의 상당한 부분도 무의식적인 것이라 우리는 우리의 진정한 모습에 대해 잘 알지 못한다. 프로이트는 마음의 이런 이중 속성과 구조를 이해하기 쉽게 빙산에 비유했다.

수면 위(의식)보다 수면 밑(무의식)이 훨씬 큰 부분을 차지하고 있지만 물속에 잠겨 있기 때문에 우리는 그것을 보지 못한다. 하지만 빙산의 이 거대한 밑부분이 없다

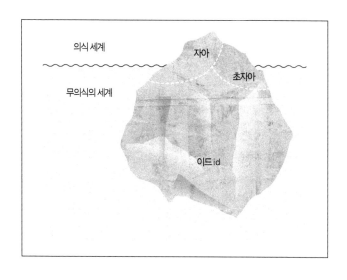

프로이트의 빙산 모델은 은유로 이해해야 한다. 수면 위(의식)와 수면 밑(무의식)이 그림처럼 딱 나눠지는 것은 아니기 때문이다. 무의식은 늘 의식과 함께 작용한다.

면 빙산은 존재할 수 없다. 비슷한 원리로 물 위에 떠 있는 자아보다는 이드나 초자아가 인간의 참모습에 더 가까울 수도 있다. 그러나 수면 아래 잠겨 있던 부분이 불쑥 나타나면 우리는 두려운 낯설음을 느낀다.

자아는 우리가 부정하면서 억압하는 욕망이나, 때로 내가 혐오하고 미워하는 그런 모습일 수 있다. 우리는 사회 속에서 타자의 시선이나 사회적인 체면 때문에 자아의 일부분을 억압하기도 한다. 데이빗 핀처 감독의 영화 〈파이트 클럽〉(1999)은 우리 안에 감춰진 이런 낯선 자아와 그것이 튀어 나와 현실의 자아와 갈등하는 모습을 강렬한 액션처럼 인상적으로 보여준다.

주인공은 비싼 가구를 사들여 아파트를 장식하면서 하루하루를 권태롭게 사는 평범한 회사원이다. 그러던 어느 날 남자답고 카리스마 넘치는 타일러를 만나면서 새로운 인생이 시작된다. 함께 싸움을 하면서 희열을 느끼는 '파이트 클럽'을 조직한 것이다. 주인공은 클럽에 참여하면서 점점 과격해지고 이에 비례해 삶의 만족도 커져간다. 파이트 클럽이 커지자 타일러는 도시의 건물을 폭파하고 혁명을 일으키려 하고, 주인공은 이 무모한 계획에 반대한다. 영화의 말미에서 주인공은 타일러가 자신의 또 다른 인격이었음을 깨닫고 광적인 타일러를 죽이기 위해 자신의 입에 총을 쏜다.

영화 〈파이트 클럽〉(1999) 중에서

"우린 목적을 상실한 역사의 고아다. 2차대전도 대공황도 겪지 않았지만 대신 정신적 공황에 고통받고 있다."

〈파이트 클럽〉은 현대 자본주의 사회로부터 일탈과 그 전복을 꿈꾸는 욕망을 보여준다. 그 욕망을 타일러 더든이라는 주인공의 또 다른 자아에 투사하여 구현함으로써 인간 내면에 숨겨진 욕구 불만, 그리고 폭력성에 대해 고발한다.

물론 〈파이트 클럽〉은 다중 인격에 대한 영화다. 그러나 영화의 여러 장면은 우리 안에 꽁꽁 감춰진 낯선 자아에 대해 생각할 거리를 던져준다. 주인공처럼 순한 사람의 내면에도 타일러와 같은 거칠고 반항적인 또 다른 자아의 모습이 얼마든지 감춰져 있을 수 있기 때문이다. 주인공과 같은 양상은 아니라도 누구나 분열적인 자아의 모습을 지니고 있다. 단지 그것을 억압하고 하나의 정체성으로 통합하면서 살 뿐이다. 주인공처럼 사회에 순응하며 사회가 부여한 욕망에 맞춰 살다 보면 자신의 진정한 존재와 욕망에 대해 극심한 회의감이 들 때도 있다. 영화는 주인공이 일상의 숨 막히는 억압에서 벗어나기 위해 자신과 정반대의 성격을 지닌 타일러를 만들어내 일상에서 탈출하면서 욕망을 해소하는 것을 암시한다. 타일러같이 숨겨진 자아의 모습이 드러날 때 우리는 영화 마지막 장면의 주인공처럼 충격적인 공황 상태에 빠질 수도 있지만 그것이 역으로 짜릿한 만족감을 주며 새로운 해방을 줄 수도 있다. 오히려 타일러가 진짜 자아의 모습일 수도 있기 때문이다.

〈파이트 클럽〉은 꿈에서 한 마리 나비가 되어 신나게 날아다니던 장자가 잠에서 깬 후 자기가 인간인데 꿈에서 나비가 된 것인지, 아니면 본래 나비였는데 지금 인간이 된 꿈을 꾸는지 구별이 되지 않는다고 말한 호접몽 일화를 연상시킨다. 이 일화에서도 중요한 것은 꿈에 나비가 되었을 때 진짜 나비처럼 자유를 만끽하며 자기가 인간이라는 생각을 전혀 하지 못했다는 점이다. 호접몽 일화는 내가 모르는 낯선 자아의 모습에 대해서도 한번 생각해보게 한다. 참된 내가 누구인지는 정말 풀기 어려운 질문이다. 그래서 소크라테스는 '너 자신을 알라'를 가장 어려운 과제로 설정한 것이다. 낯선 자아의 모습은 여러 가지로 나타난다.

민낯의 자아

언론에 일상적으로 등장하는 말의 하나가 '민낯'이다. 민낯은 '화장을 하지 않은 맨얼굴'을 말한다. 민낯은 우리가 알지 못했던 어떤 사람이나 사건의 실체, 혹은 숨겨진 모습이 드러나는 경우를 지칭하기 위해 쓰인다. 이를테면 '족벌 경영의 민낯이 드러나는 순간이다' 같은 표현이 그것이다. 우리는 우리를 놀라게 만드는 인간의 민낯을 자주 본다. 2016년 1월 부천에서 초등학생 시신이 훼손된 채 냉동 상태로 발견된 사건이 대표적이다. 범인이 그의 친부모로 밝혀져 충격을 주었다. 숨진 아동의 아버지는 아들을 상습적으로 폭행하다 결국 사망에 이르게 하고는, 부인과 함께 시신 일부를 쓰레기봉투에 버리거나 공동 화장실에 유기한 것이 드러나 충격을 주었다. 비슷한 사건이 2016년에 유독 많았다.[*]

다른 사람도 아니고 친부모가 자기 아이를 학대하다 살해한 것은 큰 충격을 준다. 부모가 자기 자식에게 느끼는 감정과 사랑은 세상 그 어느 것보다 끈끈한 천륜의 자연스러운 정서로 보는 시각이 통념이기 때문이다. 그렇기 때문에 친엄마와 친아빠가 피붙이 어린 자식을 상습적으로 구타하여 온몸을 상하게 하고 마침내 죽음에 이르게 한 잔학한 행동을 이해하기는 힘들다. 물론 어쩌다 화가 나 주체할 수 없는 감정에 이끌려 손찌검을 할 수는 있지만 곧 후회하거나 다음에는 그러지 않으려 하는 게 인지상정이다. 심지어는 새끼를 돌보고 아껴주는 심정은 도덕과 인륜을 알지 못하는 동물들도 보여주지 않는가? 새끼를 잃은 슬픔 때문에 끊어진 어미 원숭이의 창자(애)를 묘사한 '단장斷腸의 슬픔'이라는 말은 부모의 무조건적이고 절대적인 사랑을 보여주는 예다. 그렇기 때문에 어떻게 부모가 친자식을 죽이고 그의 주검을 쓰레기처럼 버리기까지 했을까 의아해진다.

물론 아동 살해나 학대 사건을 유달리 잔인한 성미를

---

* 삼십 대 영어 유치원 교사가 남자친구와의 관계에서 생긴 아이를 서울 도심의 한 호텔에서 혼자 낳아 살해하기도 했다. 경기도 김포에서는 말을 듣지 않는다고 세 살짜리 조카의 배를 발로 차 숨지게 한 이십 대 이모가 구속되기도 하였다. 2016년에는 이처럼 비속 살해 사건이 많았다.

지녔거나 인격적으로 문제가 많은 사람이 저지른 일탈이자 범죄로, 대다수 사람들은 상관없는 일이라고 간단히 치부해버리면 별 고민이 없을지도 모른다. 하지만 강력 범죄를 저지른 사람들이 다 사이코패스거나 성격장애를 지녔다고 생각하면 오산이다. 지극히 평범하고 품성도 좋은 사람들이 태연하게 악한 일을 하는 경우가 많다. 정치철학자 한나 아렌트가 《예루살렘의 아이히만》에서 언급한 것처럼 평범한 사람의 무비판적 행동이 더 끔찍한 악이 될 수도 있다. 수송 담당 책임자였던 군인 아이히만은 유태인들을 수용소로 실어 나르면서 가스실이 달린 열차를 개발해 유태인 학살을 더 효율적으로(?) 가능하게 한 사람이다. 그는 종전 후 아르헨티나에 숨어 지내다가 1960년 이스라엘 정보기관 모사드에 체포된 뒤 이스라엘로 압송되어 재판을 받았다. 이 과정에서 그는 자신이 공무원이자 군인으로서 맡은 임무에만 충실했기 때문에 아무런 죄가 없다고 강변했다. 이 재판을 지켜본 한나 아렌트는 아이히만은 성격장애자나 범죄형 인간이 아니라 평범한 사람으로 단지 악에 대한 고민 없이 상부의 명령에만 충실했기 때문에 악행을 저질렀다고 비판하며 '악의 평범성'이라는 개념을 고안했다.

한나 아렌트의 통찰 이후 악은 인간의 본성보다는 상황 때문에 발생하는 것처럼 생각되었다. 그런데 실은 거의 모든 인간 안에 이런 폭력적 요소가 잠재되어 있고, 그것이 우연하게 상황에 맞아 악을 일으킨다고 말하는 것이 더 정확하다. 대량 학살이나 전쟁 같은 특수 상황에서 일어나는 범죄는 실제로 평범한 사람들이 저지르는 경우가 더 많기 때문이다. 아프리카 르완다에서 벌어진 '인종 학살'이 전형적인 예다. 르완다 학살은 1994년 4월부터 7월까지 약 3개월 동안 벌어져 100만여 명의 사망자가 발생한 비극이다. 그런데 이 학살의 주체가 충격적이다. 바로 평범한 르완다 사람들이 학살에 적극적으로 가담했기 때문이다. 학살의 가해자에는 남녀노소가 따로 없었다. 르완다의 다수 종족 후투가 소수 종족 투치를 학살하면서 인구의 10퍼센트가 넘는 사람들이 살해되었는데 놀라운 것은 학살의 주체가 어제까지 사이좋게 지내던 평범한 이웃들이었다는 것이다.*

어제까지 같이 어울려 지내고 서로 도움을 주고받던 선량하고 순진한 사람들이 하루아침에 폭도로 돌변해 손에 칼, 망치, 몽둥이를 들고 눈에 핏발이 선 채 짐승처럼 몰려다니며 살려달라고 애원하는 사람들을 잔인하게 죽이는 장면은 너무 낯설지 않은가? 마치 좀비 영화의 한 장면 같은 일들이 실제로 우리가 사는 지구에서 얼마 전에 벌어졌

* 르완다 내전에 관해서는 〈한겨레 21〉의 2004년 4월 14일자에 실린 「그날 르완다는 왜 미쳐버렸는가」를 참조하였다.

고, 지금도 비슷한 일들이 되풀이되고 있다. 왜 그럴까? 인간 본성은 그토록 잔인하고, 구제 불능인가?

이런 악한 행동의 원인을 이야기하려는 게 아니다. 악이 절대적으로 존재한다기보다는 우리 안에 내재한 이드 때문에 상황에 따라 얼마든지 폭탄처럼 터져 나올 수 있다는 것이다. 이드가 통제되지 않으면 홀로코스트, 르완다 내전, 우리나라 6·25 당시의 양민 학살뿐 아니라 부모의 자식 살해 같은 잔혹한 악몽으로 되풀이될 수 있다. 프로이트에 따르면 이드는 공격성과 성욕의 원천으로, 이때 공격성은 생존을 위해 외부 대상을 파괴하는 것까지 포함한다. 살인 같은 극적인 상황까지는 아니어도 우리는 살면서 내면의 파괴적 욕동이 절제 없이 표출되는 순간을 종종 경험한다. 일상에서 자주 보는 '보복 운전'*, '갑질 횡포', 술에 취해 폭력을 휘두르는 '주폭酒暴'이 그것이다. 최근 우리 사회에서 경제가 어려워지고 살기가 팍팍해지면서 감정을 조절하지 못하고 쉽게 폭력을 발산하는 분노 조절 장애의

---

* 2016년 통계에 따르면 보복 운전 혐의로 하루 여섯 명이 입건되었고, 갈수록 그 비율도 증가한다. 가해자 절반이 운전을 직업으로 하는 사람이 아니라 전과 없는 평범한 회사원이라는 보도도 있다.(기사 「'도로 위 무법자' 보복 운전 하루 평균 6건 이상 발생」-〈중앙일보〉 2016년 9월 25일 게재, 기사 「홧김에 한 보복 운전… 평범한 시민이 전과자로」-〈한국일보〉, 2015년 7월 9일 게재)

비율이 갈수록 증가한다. 분노 조절 장애는 경쟁 등 스트레스 상황에 노출되면서 외부에서 오는 스트레스, 모멸감, 부당한 대우가 쌓여 터진다고 전문가들이 말하지만 문제를 좀 더 내적으로 살펴야 한다. 폭력이나 공격성은 인간이 지니는 선천적 속성이기보다는 마음의 균형이 깨지는 상황이 발생하면 나타나기 쉽다.

프로이트는 인간의 마음이 삶의 충동인 에로스eros와 죽음 충동인 타나토스thanatos로 이루어져 있으며, 둘이 갈등하고 타협하면서 삶의 여러 모습을 만든다고 말한다. 타나토스는 실체라기보다는 이드, 자아, 초자아의 끊임없는 상호작용과 긴장과 갈등 속에서 외부 대상을 향해 긴장이 파괴적으로 발휘될 때 볼 수 있는 공격적 충동 전체를 일컫는 용어에 가깝다. 인간 안에는 누구나 이런 모습이 있으며 타나토스는 에로스와 마찬가지로 삶을 영위하는 데 중요한 역할을 한다. 하지만 타나토스적 성향이 에로스적인 통합과 안정의 상태를 위협하면서 너무 강하게 드러날 때 우리는 두려움과 당혹감을 느낀다. 이런 증오나 파괴 욕망 같은 감정 표출과 밀접하게 연관될 때 우리는 자아에 대해 이질성을 느낀다. 강한 증오를 느끼거나 주체할 수 없는 폭력성이 내면에서 나타날 때 우린 "어, 나에게 이런 모습이 있었나" 하며 놀라게 된다.

심리학사에서 너무도 유명한 필립 짐바르도의 스탠

포드 교도소 실험은 평범한 인간에 내재한 타나토스의 파괴적 힘이 어떤 식으로 분출되는지를 잘 보여준다. 이 실험은 피실험자를 두 그룹으로 나누어 한 그룹에게는 교도관 역할을, 다른 그룹에게는 죄수 역할을 맡겨 감옥에서 지내게 한 실험이었다. 처음에는 장난처럼 시작된 실험이 시간이 흐르면서, 교도관 역할의 피험자들은 점점 진짜 교도관처럼 권위적이고 잔혹하게 변하기 시작하고 죄수 역할의 피험자들도 죄수처럼 눈치를 보며 행동하는 것이 관찰되었다. 결국 폭동이 발생하면서 가짜 감옥 실험은 6일 만에 중단되었다. 이 실험에서 너무 큰 충격을 받은 짐바르도는 감옥 같은 상황이 인간을 변화시킨다고 말하면서 '루시퍼 효과Lucifer effect'라는 말을 만들어내었다. 루시퍼는 신에게 가장 사랑을 받던 아름다운 천사였는데 타락하여 사탄이 된 존재다. 짐바르도는 인간 안에는 누구나 악마적 본성이 있을 수 있으며, 상황에 따라 얼마든지 천사 같은 사람이 악마처럼 변할 수 있다는 진단을 내리면서 인간 본성에 대한 비관적인 통찰을 일깨워주었다. 천사와 악마가 따로 있는 게 아니라 악마가 될 상황이 되면 누구나 그렇게 행동하고 변한다는 것이다.

그래서 소포클레스의 희곡 《안티고네》에서 일종의 해설자 역할을 하는 코러스는 "무시무시한 것이 많다 해도 인간보다 더 무서운 것은 없다네"라고 노래한다. 짐바르도의 실험은 사람들에게 많은 영감과 충격을 주어 이를 소재로 한 영화 〈엑스페리먼트〉(2001)*도 만들어졌다. 앞서 언급한 자식 살해 사건의 부모, 르완다에서 조잡한 무기를 들고 이웃들을 죽이러 몰려다니던 폭도들, 운전하다 발작적으로 공격성을 발휘하는 사람들, 술에 취하면 악마처럼 날뛰는 사람……. 이런 모습이 다 우리 안에 숨어 있는 낯선 자아의 모습이다. 정도의 차이는 있지만 누구나 전혀 모르거나 잘못 알고 있는 자신의 모습을 어느 정도는 가지고 있다. 두려운 낯설음이란 내가 몰랐지만 감춰져 있던 모습이 갑작스럽게 튀어나올 때 느끼는 당혹감이다.

낯선 자아의 기원

우리는 언제 자아에게서 낯선 모습을 느낄까? 내가 전혀 알지 못했던 내 존재의 참모습을 보거나 나에 관한 진실을 알게 될 때 누구나 자아에 대해 낯설고 두려운 감정을 느낀다. 그리스의 비극인 《오이디푸스 왕》은 우리가 잘 알지 못하는 자아의 본성과 그것에 대한 무지가 초래하는 비극에 대해 많은 것을 생각하게 해주는 작품이다. 오

---

* 독일에서 올리버 히르히겔 감독이 제작한 영화로, 2010년에 폴 쉐어링 감독이 같은 제목으로 리메이크하였다.

폴 쉐어링 감독의 영화 〈엑스페리먼트〉(2010) 중에서

아무리 싱싱한 사과라도 썩은 상자에 들어가면 결국 썩어버린다

스탠포드 교도소 실험을 진행한 필립 짐바르도는 문제 있는 개인, 즉 '썩은 사과'가 문제 상황을 일으키는 것이 아니라, 잘못된 상황 즉 '썩은 상자' 때문에 개인들의 성격이 변화하여 썩은 사과가 생겨난다고 주장한다. 짐바르도는 본인조차 피험자들의 대치 상황이 심화되자 교도소장 역할에 빠져들어 혼란에 빠진 교도소를 안정시키기 위해 죄수들에 대한 감독을 강화하고 실험실을 진짜 교도소로 옮길 계획까지 세웠었다고 술회한다.

이디푸스는 숙명을 벗어날 수 없는 인간의 비극을 상징하는 인물이다. 오이디푸스는 태어날 때부터 아버지를 죽이고 어머니와 결혼하는 운명을 지녔다는 무시무시한 신탁을 받는다. 아버지 라이오스는 신탁을 피하기 위해 오이디푸스를 죽이라고 명령하지만, 명령을 받은 양치기의 동정심으로 오이디푸스는 다행히 이웃나라 왕자로 자라난다. 출생의 비밀을 알기 위해 델포이 신전을 찾았을 때 라이오스와 같은 신탁을 들은 오이디푸스는 운명을 피해 도망 다니는데, 결국 신탁대로 저도 모르는 사이 자신의 아버지를 죽이고 어머니 이오카스테와 결혼하여 네 명의 자식까지 낳는다. 모든 진실이 드러나면서 어머니 이오카스테는 자살하고, 오이디푸스는 스스로 눈을 멀게 한 후 방랑의 길을 떠난다

오이디푸스는 분명 라이오스가 아버지인 것을 알고 죽였거나 이오카스테가 어머니인 것을 알면서 결혼하지는 않았다. 하지만 모든 책임은 오롯이 그의 것이다. 운명의 장난 앞에 비참한 나락으로 떨어지지만 사람들은 그를 비난하고, 오이디푸스를 편들어주는 사람은 아무도 없다. 《오이디푸스 왕》은 수없이 반복해 공연되고 인용되는 대표적인 예술 작품이기도 하다. 프로이트는 유아기 성의 발달 단계에서 최초로 어머니에 대해 성적 욕망을 느끼고 아버지에 대해 적대감을 가지면서 갈등하는 리비도 발달 상

마우리츠 코르넬리스 에셔, 〈서클 리미트 IV〉(1960)

선과 악은 경계가 불분명하게 뒤섞여 있다

네덜란드의 판화가인 M. C. 에셔는 착시 효과를 즐겨 사용했다. '악마와 천사'라는 부제가 붙은 이 그림에서는 어떻게 바라보느냐에 따라서 악마와 천사가 번갈아 보이며 그 경계도 불분명하다.

태를 오이디푸스 콤플렉스라고 부르면서 이를 성 이론의 핵심으로 삼는다. 프로이트가 친구인 플리스에게 보낸 편지에 따르면 오이디푸스 콤플렉스는 실제 그 자신이 유아기에 느꼈던 환상 섞인 기억이기도 하다. 오이디푸스의 신화와 닮은 무의식 욕망과 충동이 모든 인간의 마음에 은연중 숨어 있기 때문에 《오이디푸스 왕》이 그렇게 많은 사람들에게 어필할 수 있었다고 프로이트는 주장한다.* 셰익스피어의 《햄릿》이나 도스토예프스키의 《카라마조프 씨네 형제들》 같은 작품에서도 오이디푸스 테마가 반복된다.

  《오이디푸스 왕》에 대해 여러 가지 해석이 있겠지만, 여기서는 오이디푸스가 자신이 의도하지 않았고 알지도 못한 채 저지른 바로 그 행동 때문에 저주를 받았다는 점에 초점을 맞춰보자. 무의식이란 이런 것이다. 오이디푸스는 우리가 알지 못하고 통제할 수도 없는 욕망을 통해 우리를 지배하면서 그것 때문에 죄책감을 느끼게 하는 무의식적 주체를 상징한다. 우리는 우리의 무의식에 대해 알수 없다. 설사 무의식의 진실을 발견했다 하더라도, 그 때문에 후련해지거나 당면한 문제를 해결할 수 있는 것은 아

---

* 프로이트는 《정신분석의 탄생Aus den Anfängen der Psychoanalyse》에서 모든 관객은 한때 씨앗의 형태로 상상 속에서 오이디푸스였으며, 자신의 꿈이 실현되어 무대 위에서 현실로 이루어진 것을 보고 두려움에 빠진다고 하였다.

샤를 잘라베르, 〈오이디푸스와 안티고네〉(1842)

테바이에 번진 역병

역병을 해결하기 위해 보낸 사자가 구해 온 신탁은 선왕인 라이오스를 죽인 자가 테바이에 있기 때문이라는 것. 모든 진실을 알게 된 오이디푸스는 스스로 눈을 멀게 하고 테바이를 떠난다.

"내가 눈을 뜨고 있을 이유가 무엇이겠소? 앞을 보더라도 아무런 즐거울 게 없을 이 사람이?"

니다. 오히려 무력감이 더 깊어질 수 있다. 모든 진실을 안 후 오이디푸스는 다음과 같이 탄식한다.

아아, 모든 것이 이루어졌고 모든 것이 사실이었구나! (……) 나야말로 태어나서는 안 될 사람에게서 태어나서 결혼해서는 안 될 사람과 결혼하여 죽여서는 안 될 사람을 죽였음이라.

그의 어머니이자 아내인 이오카스테는 자신의 출생의 비밀과 라이오스 왕의 죽음의 비밀을 파헤치려는 오이디푸스를 한사코 말리며, "오오 불행한 분, 그대가 누구인지 결코 알게 되지 않기를!"이라고 한탄한다. 자아의 진짜 정체를 알면 마주할 어떤 결과를 두려워했기 때문이다. 하지만 자아의 진실을 외면하는 것은 현명하지 않다. 계속해서 문제 의식을 가지고 살면서 그런 노력의 결과로 더 일찍 자신에 대해 알았다면 동일한 운명을 겪더라도 다른 방식으로 문제를 풀어나갈 수 있었을 것이다. 스핑크스의 수수께끼를 단숨에 푼 것에서 보듯 오이디푸스는 지혜로운 사람이었다. 하지만 정작 자신에 대해서는 알지 못했고, 자신의 성격이나 행동 때문에 큰 문제가 생길 수 있다는 것에 대해서는 생각하지 못했다. 실제 오이디푸스가 아버지를 죽인 것은 성질이 급하고, 남의 말을 잘 듣지 않으며,

참을성 없는 성격이 큰 몫을 했다.

언젠가 우리나라 성인의 많은 수가 자신의 삶의 의미와 직업적 정체성 때문에 혼란을 겪으면서 불행하게 산다는 보도를 본 적이 있다. 특히 사회적으로 부러움의 대상인 직업에 종사하는 사람일수록 오히려 정체성의 혼란을 더 경험한다. 한국과 같이 경쟁이 심하고 불평등이 심한 사회에서 우리는 본인의 정체성을 찾고 자신에 맞게 살기보다는 남의 시선이나 사회적 평판을 더 중시하면서 살기 쉽다. 정체성의 혼란이나 불행감은 나의 삶을 타인의 시선과 욕망에 따라 바라보기 때문에 생긴다. 오이디푸스 신화에서도 만약 라이오스 왕이나 오이디푸스가 신탁에 마음 쓰지 말고 본연의 삶을 살았더라면 비극적 운명을 피할 수 있었을지도 모른다. 오히려 신탁을 피하려고 발버둥 치면서 정작 신탁대로 모든 것이 이루어지는 데 일조했다고 말할 수도 있다. 신탁은 어떻게 보면 사회적인 것이나 타인의 욕망을 대변한다. 타자적인 것을 과감하게 걷어내고 내 안의 참모습을 발견하기는 쉽지 않다. 그러나 확실한 것은 낯선 자아라는 것이 숨겨진 또 다른 자아가 아니라 내 여러 가지 욕망 때문에 소외된 모습이거나 내가 억압한 모습이라는 점이다. 두렵기는 하지만 자신의 모습을 그 자체로 들여다보아야 한다. 그것도 오이디푸스처럼 너무 늦지 않게 말이다.

③

속이는 자아

속이는 주범

'백문불여일견百聞不如一見'이란 속담이 있다. 남이 말하는 것을 백 번 듣는 것보다 내가 한 번 보는 것이 낫다는 뜻이다. 서양에도 '보는 것은 믿는 것이다Seeing is believing'라는 격언이 있는데, 관찰과 실험을 중시하는 자연과학적 전통은 이런 신념에서 유래했다. 남에게 들은 말은 불확실할 수 있지만, 내가 직접 본 것은 참이라는 믿음은 대중이 확고하게 신봉하는 오랜 견해이기도 하다. 예를 들어 어떤 음식점이 맛있다고 소문이 자자해도 내가 가서 직접 먹어보기 전까지는 평가를 유보하는 사람이 많다. 그러나 내가 가서 직접 체험해본다고 제대로 진실을 알 수 있을까? 나도 모르는 선입견의 영향을 받거나 아니면 나도 모르는 어떤 것이 내 판단에 강력한 영향을 미치는 경우도 있지 않을까?

보통 우리는 관찰하고 있는 나의 확실성에 대해서는 진지한 물음을 던지지 않는다. 내가 문제가 아니라 남들이나 외부 세계가 나를 속이는 등 여러 한계로 인해 제대로 관찰하지 못해서 착각이나 오류가 생긴다고 생각한다. 그러나 실은 보는 주체의 위치를 차지하고 있는 자아 자체가 착각의 원천이다. 착각이나 오인은 자아의 불완전성에 기인하기보다는 구조적인 속성에 가깝다. 심리학 연구나 최근 뇌 과학이 탐구한 여러 성과에 따르면 자아는 수많은

65

오류와 착각의 피해자가 아니라 실질적 주범이다. 심리학이 말하는 편향bias, 정신분석학이 강조하는 무의식과 방어기제, 뇌 과학이 밝혀내고 있는 뇌의 착각이나 왜곡 현상은 우리를 지속적으로 속이고 혼란스럽게 만드는 구조적인 경향성이다. 자아의 자기 이상이 강할수록 착각이나 선입견은 더 견고해져서 세상에 대한 바른 판단이나 객관성을 상실하기가 쉽다. 자기가 속는 줄도 모르고 자기 자신에게 속아 넘어가는 상태를 자기기만이라고 한다. 자기기만은 우리가 숱하게 경험하면서도 그 폐해를 잘 모르거나 인정하지 않는 심리 현상이다. 니체 같은 철학자는 거짓말보다 자기기만이 더 빈번하게 일어난다고도 하였다.

　자기기만은 비일비재하다. 예를 들어 심리학자들이 말하는 '허위 합의 편향false-consensus bias'은 자기기만의 전형적 예다. 허위 합의 편향은 다른 사람들이 내가 하는 잘못된 생각이나 행동을 나와 공유한다는 믿음이다. 예컨대 세금 신고를 정직하게 하지 않고 허위 장부를 기재하는 상인은 이것이 잘못된 행동이라고 생각하지 않고 누구나 하는 보편적 관행이라고 믿으며 스스로를 합리화한다. 다니는 차가 없으면 신호등을 수시로 위반하는 보행자의 태도도 비슷하다. 또 공직자들이 횡령 등 비리 혐의로 체포되었을 때 자신의 잘못을 인정하지 않고 억울하다고 말하는 태도도 이런 편향성에서 비롯된다. 자신이 잘못을 저질렀다고 인정하기보다는 누구나 자기와 같은 상황이면 똑같이 행동할 것이라고 별다른 근거 없이 믿는다. 허위 합의 편향은 나의 관점을 타인에게도 그대로 투영하기 때문에 발생한다.

자아의 이기심 때문에 벌어지는 '자기 고양 편향self-enhancement bias'도 있다. 이것은 어떤 일이 자기에게 유리하게 전개되면 내가 잘해 그렇다고 생각하고, 반대로 일을 망치면 상황의 탓으로 돌리는 비겁한 회피 성향을 말한다. 예컨대 시험을 잘 본 학생은 자신이 열심히 공부해서 좋은 결과를 얻었다고 우쭐해한다. 반대로 시험을 망치면 자기가 공부하지 않은 범위가 출제되었거나 교수가 자기를 좋아하지 않아 박한 점수를 줬다고 원망한다. 혹은 그날 몸 컨디션이 안 좋아 최고의 기량을 발휘하지 못했다고 통제할 수 없는 상황 탓을 한다. 이런 편파성이 강할수록 자신이 가진 문제를 보지 못하고 문제가 생길 때마다 남탓을 하거나 상황 핑계를 대면서 무책임한 사람이 되기 쉽다. 자기 고양 편파는 특히 자존감이 강한 사람들에게 많이 나타나는데 이는 자신의 약점이나 실수를 잘 인정하지 않기 때문이다. 자기 고양 편향이 심해지면 자기 계발에도 소홀해지고 부정적이 될 수도 있다.

편향에 더해 방어기제도 우리를 은연중 속이는 주범이다. 방어기제는 사회적 갈등이나 심리적 압박감을 벗어나기 위해 자아가 무의식적으로 선택하는 전략으로 심리적 갈등에서 비롯된다. 심리학 역사에서 잘 알려진 레온 페스팅거의 인지 부조화 이론이 있다. 마음속에 서로 충돌하는 상반된 신념이나 지각이 있을 때 우리 마음은 부조화로 인해 심한 불쾌감을 느낀다. 이것을 피하기 위해 생각들을 일관된 방향으로 조정한다는 것이 인지 부조화 이론이다. 페스팅거는 대홍수로 지구가 멸망한다고 주장하는 사교 집단에 몰래 잠입해 교도들의 행동을 관찰했다. 사교가 선포한 종말일에 만약 아무런 일도 일어나지 않으면 그들이 어떻게 행동할 것인가가 관찰의 초점이었다. 상식적으로 생각했을 때 자신의 신념이 객관적으로 잘못된 것으로 밝혀지면 생각을 수정해야 마땅하다. 그런데 예정된 날 아무런 일도 일어나지 않고 여느 때처럼 시간이 흐르자 사교 집단은 오히려 신이 인간을 불쌍히 여겨 심판을 연기했다고 새로운 주장을 펴 자신들의 교리를 정당화했다. 종말론이 허구로 판명되었는데도 사교에 대한 믿음이 더 견고해진 것이다.* 인지 부조화는 왜 사람들이 그릇된 판단을 내리고도 이를 쉽게 고치지 못하고 완고해지는지 설명하여 많은 부조리를 해명해주었다.

* 인지부조화에 얽힌 일화와 심리학적 의미에 대해서는 로렌 슬레이터의 《스키너의 심리상자 열기》(조중열 옮김, 에코의 서재, 2005) 중 5장 〈마음 잠재우는 법〉을 참조하라.

인지 부조화는 부조화된 심리 상태를 조화롭게 만들면서 심리적 불쾌감을 피하려는 방어 작용의 일종이다. 인지 부조화 상태를 견디지 못하는 자아는 자신의 신념에 일치하는 정보만 인정하면서 그것과 충돌하는 사태는 마치 존재하지 않는 것처럼 외면하곤 한다. 예를 들어 특정 보수 정당을 지지하는 사람들이 있다고 가정해보자. 대체로 이런 사람들은 자기가 지지하는 정당이 비리에 연루되거나 사회적으로 물의를 일으켜도 지지를 철회하지 않는 경우가 많다. 부정과 비리 혐의가 명백히 드러나도 오히려 이 정당을 비판하는 언론이나 비판자들을 거꾸로 욕하면서 자기 신념을 정당화한다. 왜 그럴까? 이것도 인지 부조화 이론으로 설명할 수 있다. 정치적 선택을 잘못한 사람이 태도를 바꾸지 않는 것은 인지 부조화로 인한 괴로움을 피하려 하기 때문이다. 자신이 좋아하고 신뢰한 사람이 기대와 다르게 행동하거나 애초 생각했던 그런 사람이 아니라는 것이 드러날 때 우리는 이른바 '멘붕(멘탈 붕괴)' 상태에 빠진다. 더 나아가 자신의 신념이 잘못되었다는 것을 인정하는 것은 자기 정체성의 부정까지 가져올 수 있을 정도로 괴로운 일이다. 이런 불쾌한 상태를 회피하기 위해 신념에 맞게 사실들을 취사선택하면서 재구성하는 것이 바로 인지 부조화 이론이다.* 일부 광적인 지지자들은 페스팅거가 목격한 사교 집단의 사람들처럼 자신들의 신념을 바꾸기보다는 그것을 더 일관된 방향으로 일치시키고 부정적인 정보를 물리치면서 스스로의 오류를 정당화한다. 인지 부조화는 한 번이 아니라 연쇄적으로 작용하면서 더 견고하게 애초의 신념을 정당화하는 원인이 된다.

무의식은 또 어떤가? 무의식도 여러 방면에서 연구되고 있으며 그것의 본성이나 작용 양상을 설명하는 것도 학문 분야마다 다르다. 정신분석뿐 아니라 심리학이나 뇌과학도 무의식에 대해 연구한다. 학문 분야마다 설명은 조금씩 다르지만 인간이 미처 의식하지 못하는 숨은 동기나 원인이 우리를 움직이는 실질적 동력이라는 것을 공통적으로 인정한다. 인간의 많은 행동은 무의식 같은 숨은 요인을 고려할 때 더 잘 설명되며, 진정한 목적도 판단할 수 있다. 2009년 EBS에서 방영된 다큐멘터리 〈인간의 두 얼굴 2〉의 제1부 '착각의 진실' 편에서는 면접 실험의 방식으로 무의식에 관한 심리 실험을 했다. 실험 응시자들을 두 그룹으로 나누어 같은 후보자를 똑같은 방식으로 면접한 후 합격 여부를 알아보는 실험이다. 실험 조건에서 유일한 차이는, 한 그룹은 면접 전에 차가운 콜라 잔을 손에 들게

---

* 이에 대해 페스팅거는 인간은 자신의 마음속에서 양립할 수 없는 생각들이 심리적 대립을 일으킬 경우, 적절한 조건 아래서 자신의 믿음에 맞추어 행동을 바꾸기보다는 믿음을 행복에 따라 조정하는 동일을 형성한다고 보았다.

했고, 다른 그룹은 뜨거운 커피 잔을 쥐고 이동하게 한 것이다. 나머지 조건은 다 같았는데 결과는 아주 놀라웠다. 차가운 콜라 잔을 접촉한 사람들은 후보자를 탈락시켰고, 뜨거운 커피 잔을 만졌던 사람들은 다 합격시킨 것이다. 물론 합격시킨 사람은 합격시킨 대로, 불합격시킨 사람은 또 그 나름의 합리적 이유가 분명히 있었지만 그것은 진정한 동기가 아니었다. 우리가 이성적으로 판단하고 면접 결과를 결정한 것 같아 보이지만 뜨거운 잔과 차가운 잔이 무의식적으로 우리 선택에 영향을 미친 것이다.

사람의 첫인상도 무의식에 의해 결정되는 경우가 많다. 네덜란드 헬렌에 위치한 한 레스토랑 종업원들은 손님들의 주문을 반복해서 따라하고 주문서에 적는 일을 했는데 그러자 팁이 평균보다 140퍼센트 높아졌다. 서비스에 더 마음을 쓴 것도 아니고 단지 주문 내용만 따라 말했지만 손님 입장에서는 무의식적으로 자신이 더 대접받고 존중받는다는 느낌이 들어서 관대해진 것이다. 이처럼 우리가 미처 의식하지 못해도 무의식이 일상에서 우리 판단과 행동에 미치는 심층적 영향력에 대한 연구는 무척 많다.[*]

남에 대한 선입견, 어떤 대상에 대한 판단, 문화에 대

---

[*] 무의식에 얽힌 여러 실험이나 관찰 사례는 샹커 베단텀의 《히든 브레인》(임종기 옮김, 초록물고기, 2010)을 참조하라.

한 모방, 종교에 대한 믿음 같은 인간 행동의 많은 부분이 무의식적으로 결정되는 경우*는 흔하다. 무의식적 욕망이 어떤 판단을 내리게 강요하거나 호불호를 결정한 후 의식이 그것을 정당화하거나 사후적으로 설명하는 경우도 마찬가지다. 현대 뇌 과학자들은 뇌의 자율적 작용을 무의식이라고 부르는데 우리의 많은 행동이 무의식에 의해 일어난다고 주장한다. 그래서 뇌 과학자들은 '내가 생각하는 게 아니라, 뇌가 생각한다'라고 말하기도 한다.

이상 몇 가지 사례만 살펴보았지만 우리가 이성적이라고 믿고 합리적으로 행동한다고 생각하지만 자아의 본성이 기만적인 경우가 많다. 우리의 지각이나 감각의 한계도 커서 사태를 잘못 파악하거나 전혀 엉뚱하게 판단하는 경우*도 적지 않다. 착각이 아니라 끝까지 본인이 스스로 속는다고 생각지도 못하고 넘어가는 자기기만의 사례역시 비일비재하다. 착각이나 거짓말은 나중에 사실을 알

---

* 그래서 언어학자 조지 레이코프는 프레임frame 이론을 주장하기도 한다. 프레임이란 무의식적으로 우리 사고와 판단, 그리고 행동을 규정하는 인식의 틀을 말한다. 예를 들어 정부에 비판적인 사람들을 전부 종북 좌파라고 부르면 그들의 주장이나 정치적 차이는 전혀 고려되지 않고 부정적인 느낌만 강조된다. '보수 꼴통'과 같은 용어도 비슷하게 부정적 프레임으로 작동한다. 현대 정치에서는 프레임을 대중 지배의 한 방법으로 많이 활용하는데 프레임도 무의식과 연관성이 많다.

면 그 문제점을 바로 알 수 있지만 자기기만은 잘 교정되지 않고 더 강하게 영향을 미치기 때문에 심각하다. 우리는 본인의 가치관이나 신념과 밀접히 연관된 내적 세계와 타인이나 사회적으로 통용되는 믿음으로 구성된 외적 세계의 두 세계에서 살고 있다. 여기서 내 자신이 내적 세계에서 믿는 사실을 남들에게 속이면 거짓말이며, 반대로 외적 세계에서 내적 세계로 정보가 들어올 때 그것을 왜곡하거나 변형한다면 자기기만이라고 한다. 우리는 보통 내가 남을 속이거나 거꾸로 남에게 속는 거짓말을 경계하지만 니체는 자기기만을 더 조심하라고 경고한다. 앞서 살펴본 편향, 방어기제, 무의식 등은 자기기만을 만드는 원인이다. 살다 보면 더 많이 경계해야 할 부분이 실은 자기기만의 위험이다. 자신의 능력을 실제보다 더 과장되게 평가하거나, 객관적으로 보이는 위험이나 부정성을 바로 보지 못하게 만들기 때문이다. 자기기만은 내가 나에게 속을 수도 있음을 잘 보여준다.

---

*   '착각의 진실' 편에서도 이와 연관된 실험을 소개하였다. 피실험자들에게 길을 물어보게 한 뒤 길을 물어보는 도중에 제작진이 입간판을 들고 두 사람 사이를 지나면서 대답하는 사람을 바꿔치기하는데, 대부분의 피실험자가 사람이 바뀐 것은 물론 심지어는 성별이 바뀌었는데도 이를 눈치채지 못하는 결과가 나온다.

속이는 자아의 위험: 라쇼몽 효과와 그 폐해

몇 가지 착각과 자기기만 사례를 위에서 언급했지만 이런 일이 발생하는 근본 원인은 자아의 자기중심성 때문이다. 자아는 내가 성장하고 경험하면서 터득한 인식의 주관적 틀로 사태를 판단하는 경향이 있다. 또 내가 좋아하는 것에는 큰 주의와 관심을 쏟지만 그렇지 않은 부분은 아예 지각조차 못하거나 무의식적으로 무시해버리는 경우도 많다. 이것을 망원경 효과라고도 말한다. 똑같은 것을 경험해도 서로 얘기가 다르거나 느낌이 다른 것도 서로 사태를 관찰하는 망원경의 초점이 다르기 때문이다. 물론 특정한 목적이나 이해관계 때문에 의도적으로 남을 속이는 경우도 있기는 하다. 하지만 방어적 동기나 무의식적 이유로 자신도 모르게 상황을 자기기만적으로 판단하는 경우가 더 많다. 1950년 개봉한 구로사와 아키라 감독의 유명한 영화 〈라쇼몽〉은 자아의 이런 자기중심적 속성과 기만성이 어떤 식으로 은밀하게 작용하면서 우리를 혼란스럽게 만드는지를 잘 묘사한다.

〈라쇼몽〉의 줄거리는 간단하지만 주제는 많은 것을 생각하게 해준다. 한 사무라이가 자신의 부인을 말에 태우고 숲을 지나가다 산적에게 속아 결투 중 목숨을 잃고 부인도 겁탈당한다. 마침 나무를 하러 온 나무꾼이 사무라이 시체를 발견하고 관가에 신고를 하여, 바로 잡힌 범인은 순순히 범행을 인정하고 조사 과정에서 죽은 사무라이의 부인도 불려 온다. 영화의 대부분은 각 인물이 저마다의 입장에서 진술하는 이야기를 차례차례 재구성하여 상이한 관점에서 보여주며 진행된다. 이 사건의 핵심은 누가 범인인가가 아니라 그날 숲에서 벌어진 일에 대해 모두가 다른 진술을 한다는 데 있다. 무당을 불러 죽은 사무라이의 원혼을 불러내어 말을 듣지만 이 또한 믿기가 힘들다. 죽은 자조차 진실을 온전히 말하지 않는다면 도대체 누가 진실을 알 수 있을까?

산적과 사무라이가 어떻게 싸움을 시작하게 되었는지, 그 과정이 어떠했는지, 그리고 사무라이 부인이 남편과 산적에 대해 보인 태도가 무엇인지, 사무라이가 죽은 후 어떻게 여자와 산적이 헤어졌는지에 대해 서로 상반된 진술이 계속된다. 이들의 진술이 각자의 처지에 따라 서로 엇갈리며 전개되는 장면이 영화의 묘미다. 산적은 사무라이를 유인해 술수로 결박하고 사무라이의 부인을 데려와 겁탈한 후 떠나려 했는데 그 부인이 따라와 사무라이와 결투를 해서 살아남은 사람이 자기를 데려가라고 제안했다고 한다. 그 요청대로 결투를 벌인 끝에 사무라이를 죽였다는 것이다. 산적의 진술에는 자신을 멋있게 묘사하려는 허풍이 가득하다. 사무라이의 부인은 이렇게 진술한다. 결박된 남편 앞에서 산적이 그녀를 겁탈한 후 떠나자, 그녀는 남편의 품에 매달려 울기 시작했는데 정작 남편은 자신을 증오와 경멸을 담아 쳐다보았다. 이에 그녀는 그렇게 보지 말라며 애원하다가 자기도 모르게 남편을 죽였다고 한다. 부인의 진술에는 남편에 대한 원망과 아내로서의 자존심을 지키려는 의도가 있었다. 무당이 영매가 되어 전한 사무라이의 말은 또 다르다. 산적이 부인을 겁탈한 후 자신의 부인이 되어달라고 사정하자 부인이 산적의 제안을 받아들이면서 후환을 없애기 위해 오히려 남편을 죽이라고 말했다는 것이다. 이 말에 실망한 산적이 사무라이에게 부인을 죽일지 살릴지 물었고, 어수선한 틈에 부인이 도망갔다. 그러자 산적은 사무라이의 결박을 풀어주고 가버렸으며 홀로 남겨진 사무라이는 절망에 슬퍼하다 자살했다.

왜 이렇게 동일한 상황을 두고 서로 다른 진술을 할까? 물론 의도적인 거짓말도 있지만, 대부분은 자신의 자존심을 위해, 그리고 자신이 그런 행동을 할 수밖에 없었던 이유 때문에 상황과 자신의 행동에 대한 왜곡이 일어난다. 여기에서 '라쇼몽 효과Raschomon effect'라는 말이 나왔다. 라쇼몽 효과는 자신의 주관적 느낌과 기준에 따라 사태를 본인에게 유리하게 해석하고 판단하는 인간의 심리를 가리킨다. 이론에 따르면 인간은 늘 부분적으로만 진실할 수 있고, 그나마 진실과 거짓의 경계가 뒤섞여 나타나면서 그것을 듣는 사람은 물론 화자까지도 속을 수 있

영화 〈라쇼몽〉(1950) 중에서

"약한 것이 인간이기에 자기에게조차 거짓말을 한다"

사무라이 살해 사건에 대해 관청에 끌려와 저마다 자신을 포장한 진술을 하는 도적 다조마루와 사무라이의 부인 마사코. 하지만 사무라이 시신의 최초 발견자로서 심문을 모두 지켜본 나무꾼은 그들과 무당에 빙의되어 진술한 사무라이 모두 거짓을 말했다고 한다. 사건의 과정을 모두 지켜본 나무꾼이 말하는 진실은 그 누구의 진술과도 맞지 않지만, 나무꾼 또한 사무라이의 가슴에 꽂혔던 단검을 훔쳤다는 점에서 온전히 진실을 말한다고 보기 어렵다.

다. 만약 〈라쇼몽〉에서처럼 사건의 당사자나 목격자가 네 명이면 네 가지 버전의 이야기가 만들어지고, 거짓과 사실이 뒤섞인 네 가지 입장이 개진되면서 진실을 더 감출 수 있다. 목격자가 많아지면 그만큼 다른 이야기가 덧붙여질 수도 있다.

라쇼몽 효과는 '백문불여일견'이나 '보는 것이 믿는 것이다'라는 상식적 믿음이 얼마나 허약한 토대 위에 세워져 있는지를 잘 보여주는 용어다. 형사재판처럼 진위 여부를 가려야 하는 경우를 당하지는 않더라도 살다 보면 우리는 어떤 사안에 대해 시시비비를 다툴 때가 있다. 예를 들어, 한국전쟁 당시의 민간인 학살과 그 피해를 조사하다 보면 동일한 사건의 목격자들이 서로 상반되거나 전혀 다른 이야기를 하는 경우가 많다고 한다. 해당 조사 위원회에서 일하는 사무원들은 증인들이 거짓말을 하는 게 아니라 나름대로 진실하게 증언을 하는데도 어떻게 진술이 엇갈릴 수 있는지 의아해한다. 이런 의문에 대해 기억이 그리 믿을 만하지 못하다는 심리학 연구 결과들로 답할 수 있다. 여기에 라쇼몽 효과까지 더한다면 동일 사건을 목격한 사람들이 상반된 말을 한다고 해서 무조건 한쪽이 거짓말을 한다고 단정할 수는 없다. 때로 자아의 착각이나 기만이 엉뚱한 판단을 내리도록 할 수 있으며, 특히 어떤 정념이나 사적인 동기가 작용하면 이런 편향은 더 심해진다.

꼭 의식적이지 않아도 무의식적인 것도 이런 편향성을 심화하는 요인이다. 똑같은 사건의 증인이 상반된 얘기를 하면서 자기는 진실만을 말한다고 답답해할 수도 있다.

2016년에도 라쇼몽 효과가 뜨거운 정치적 화두가 된 적이 있었다. 노무현 정부에서 외교부 장관을 지낸 송민순이 《빙하는 움직인다》라는 제목의 회고록을 출판했는데, 여기에 2007년 11월에 있었던 유엔의 북한 인권 결의안 표결 과정에서 노무현 정부가 북한에 사전 의견을 구한 뒤 기권했다는 내용이 나오면서 큰 소동이 벌어졌다. 이 사건은 19대 대선에서도 쟁점이 되면서 정치적 공방으로 이어졌다. 2007년 당시 여당인 새누리당이 회고록을 근거로 노무현 정부의 행동은 북한과 내통한 국기 문란 사건이라고 비판하면서 철저한 진상 규명을 요구했다. 그러자 노무현 정부 당시 비서실장, 국정원장, 통일부 장관 같은 주요 관련자들이 새누리당의 주장뿐 아니라 회고록의 일부 사실도 반박하면서 갑론을박이 치열하게 전개되었다. 논쟁의 쟁점은 당시 노무현 정부의 인권 결의안 기권 방침의 정당성 여부가 아니라 북한 인권 결의안 기권을 결정하기 전에 북한에 물어보고 북한이 반대를 하니까 기권 결정을 했다, 그러지 않았다의 진실성 여부였다. 다른 당사자들은 송 전 장관의 기억이 부정확하며 기권 결정은 내부 토론을 통해 결정되었다고 비판하기도 했다.* 도대체 누구 말이

맞을까? 시간이 지나면 진실이 다 밝혀질까? 아마도 시간이 흘러도 진실의 전모가 드러나기는 어려울 것이다.

모든 정치적 논쟁이 그러하듯 정치적 의도 때문에 고의로 진실을 은폐하고 상대의 주장을 침소봉대하고 비틀면서 비판하는 경우가 물론 있기는 하다. 회고록 논쟁도 그런 정치적 이해관계와 숨은 의도 때문에 벌어졌다고 추측할 수 있다. 그러나 라쇼몽 효과가 말해주듯 과거의 사건을 서술할 때 당사자가 좋은 의도로 진실만을 말하려고 할 때도 주관적 해석이나 의도가 부지불식간에 작용한다는 것은 틀림없는 사실이다. 그러므로 어떤 일의 당사자들이 그 사건에 대해 가장 완전하게 진실을 알고 있고, 진실에 대해 답을 줄 수 있는 사람이라고 쉽게 판단해서는 안된다. 오히려 당사자일수록 더 자기 관점에 매몰되어 스스로 속기 쉽다. 우리 사회는 특히 정치적 사안에 대한 입장의 차이가 워낙 커서 때로는 단순한 사실관계조차 곡해하거나 무조건 부정하면서 논쟁을 위한 논쟁을 이어나가는 경우가 종종 있다. 자기 검열의 논리가 자동적으로 작동한다는 말이다. 이런 상황에서 이데올로기 대립이 기승을 부리며 합리적 논쟁과 대승적 안목보다는 정파적 이해타

---

* 기사 「'송민순 회고록'에 등장하는 5명의 기억은 영화 〈라쇼몽〉처럼 제각기 다르다」-〈허핑턴포스트코리아〉, 2016년 10월 17일 게재 참조.

산에 몰두하는 정치적 후진성이 생산되기도 하지만, 자아의 기만적 본성도 더 강화된다. 특히 자신의 실수를 잘 인정하지 않고 본인을 정당화하면서 상황이나 남에게서 문제를 찾는 사람일수록 라쇼몽 효과 같은 자기기만은 더 쉽게 작용한다. 더구나 자존감은 성공하는 삶에서 긍정적 역할을 한다고 알려져 있지만[*] 지나치게 높은 자존감은 자기 편익 편향의 원인이 되기도 한다. 자존감을 지키기 위해 스스로를 방어하려는 태도가 생기기 때문이다.

중요한 자리에 있는 사람이 만약 자기기만의 위험성에 대해 경계하지 못하고 그릇된 판단을 내리면서 행동한다면 그 폐해는 개인뿐 아니라 조직 전체에 치명적이다. 정묘호란과 병자호란 시기 조선의 임금인 인조를 비롯한 척화파들이 좋은 예다. 중립 외교를 표방한 광해군을 몰아내고 왕위에 오른 인조는 노골적으로 명나라에 기울고 후금을 배척하는 '친명배금' 정책을 표방하면서 '은인'인 명나라에 대한 군사 원조도 계속했다. 이에 자극을 받아 1627년 후금이 전격적으로 조선을 침략한 것이 정묘호란이다. 전쟁은 오래 지속되지 않고 양측의 필요에 의해 형제의 맹약으로 화의를 맺으면서 심각한 피해 없이 마무리

---

[*]   심리학자들은 자존감이 성공에 꼭 필요한 핵심 요소라고 본다. 자존감의 가장 중요한 핵심 두 가지는 자기 가치와 자신감이다.

된다. 후금이나 조선이나 계속 전쟁을 할 형편도 되지 못했지만 아직 명나라가 버티고 있는 상황이라 후금으로서는 명과 전쟁에 더 집중해야 했기 때문이다. 조선으로서는 이미 임진왜란을 뼈아프게 경험했고, 또 다시 중원에서 후금이 강성해지고 조선을 견제하는 것을 보면서 정묘호란 후에 현명하게 대비책을 마련해야 마땅했다.

하지만 정묘호란 후에도 조선은 또 다시 닥쳐올 전쟁에 대비해 군비를 갖추거나 등거리 외교를 하면서 충분한 실리를 챙기지 못하고, 금나라와 화의를 반대하는 척화배금 사상에 경도되어 후금에 선전포고까지 하려고 하였다. 한 차례 침략을 경험한 나라가 군사적 준비도 없이 새롭게 중원의 주인이 되고 있는 강국을 오랑캐로 업신여긴 것은 순진하다 못해 무모한 광기에 가깝다. 물론 당시 후금이 조선에 대해 형제 관계가 아니라 군신의 관계를 강요하고 노골적으로 조선에 여러 물자를 세폐* 명목으로 강요했기 때문에 조선에서 후금에 대한 반발심이 높아지고 있는 것도 고려해야 한다. 이런 상황에서 인조의 행동을 어쩔 수 없는 선택으로 이해할 수도 있다. 하지만 전쟁을 치를 준비도 전혀 갖추지 못한 나라가 청나라와 맞서 싸워야 한다고 큰소리를 치다 삼전도 항복의 치욕을 당한 과오는 순진

---

* 　　조선 시대에 해마다 10월에 중국에 보내던 공물.

하다 못해 지극히 어리석은 태도다.

임진왜란을 당해 전 국토와 백성이 유린당한 경험을 갖고도 조선의 지배층은 현실을 그 자체로 보지 못하고 여전히 관념적인 유가적 세계관에 의지해 세상을 재단하면서 또 다시 전란을 반복하는 실수를 되풀이한다. 여러 가지 시세 상황을 고려해도 당시 선조나 인조, 그리고 조선의 지배층이 계속해 보인 만성적인 무능력과 판단 착오는 명백한 자기기만의 비극적 예시다. 특히 임진왜란 동안 선조가 보인 신경질적인 태도와, 무능한 조정을 대신해 싸운 수많은 의병장이나 이순신 장군 등에 대한 질투와 핍박은 너무 잘 알려진 사례들이다. 이런 사례는 우리나라뿐 아니라 동서고금을 통해 부지기수로 많다.

꼭 한 나라나 큰 조직의 지도자의 사례가 아니라도 개인 간 관계에서도 자기기만은 여러 문제를 낳는다. 다음 장에서 자세히 다루겠지만, 나르시시즘에 의한 과도한 자기애와 망상적 상태가 심해지면 타인과 건강한 관계를 맺을 수 없을 뿐 아니라 본인에게도 고통이 따른다. 자기기만에 빠진 자아의 큰 특징 중 하나가 완고함이다. 프로이트는 성욕의 발달에서 특히 항문기 성격의 하나로 완고함에 대해 언급했다. 완고함이란 타자의 자리를 인정하지 않고, 공존을 위해 사회가 부과하는 규칙을 거부하는 태도와 연관이 있다. 자아에 리비도가 집중되면서 자기중심적 쾌락에만 치우치다 보면 타자에 대해 완고한 태도를 보이기 쉽다. 이런 경향이 굳어지면 스스로에 대해 객관성을 유지하기 힘들고, 비판을 받을수록 병적인 방어 작용과 편향성이 더 심해진다.

2016년에 드러난 국정농단으로 법의 단죄를 받는 고위 공직자들이 늘어나고 있지만, 자신의 잘못을 인정하거나 뒤늦게나마 진심으로 속죄하는 사람을 보기 힘들다. 명백한 증거가 나와도 발뺌하거나 남 탓을 하는 경우가 많은데, 이것은 자존감이 낮은 사람의 전형적 특징이다. 자존감이 낮은 사람은 매사를 부정적으로 보는 경향이 많아 자신의 잘못이나 실패를 인정하지 않는다. 다른 한편으로 우리 사회에 결과 중심 사고가 팽배하고 거짓말 등의 잘못을 엄격하게 처벌하지 못하면서 자기기만 성향이 마치 국민성처럼 강화된 것에도 원인이 있다고 할 수 있다. 문제는 속이는 자아야말로 자아실현의 가장 큰 걸림돌이 된다는 사실이다. 자신을 잘 실현하고 행복해지기 위해서는 자존감을 키우는 것 못지않게 그것의 토대가 되는 '자기 효능감self-efficacy'을 먼저 발전시킬 필요가 있다.* 자기 효

---

* 자기 효능감이란 특정한 시기나 상황에서 자신이 어떤 일을 해낼 수 있다는 믿음으로, 앨버트 밴듀라가 주장한 개념이다. 자기 효능감은 사회적 동기를 부여해주며 성취를 가능하게 만드는 동력이다.

능감을 제대로 가꾸기 위해서는 선행적으로 자신의 모습을 솔직하게 들여다봐야 한다. 사람마다 자기가 갖고 있는 소질이나 장점이 다 다르기 때문이다. 철학자 아리스토텔레스가 말한 대로 행복은 자신이 가지고 있는 탁월성을 잘 갈고닦을 때 성취될 수 있다. 그리고 이를 위해서는 속이는 자아를 경계해야 한다. 속이는 자아의 문제는 사회와 개인 모두가 건강하지 못한 데 원인이 있다. 게다가 자아의 구조적 속성도 속이는 자아에 더 가깝다. 공자가 자신을 먼저 극복하라고 말한 것처럼, 자아에 대해 먼저 경계하는 것이 필요하다.

자아의 방어 작용

완전한 자기기만은 아니지만 자아의 여러 방어기제도 우리를 진실에서 멀어지게 하고 때로 미혹되게 만드는 원인이다. 방어기제란 무의식적 갈등에서 비롯되는 여러 형태의 불안을 다스리고 스트레스를 피하기 위해 자아가 동원하는 책략들이다.* 자아는 현실에서 벌어지는 여러 갈등 때문에 고통을 당할 때 고통을 벗어나거나 스스로를

---

*   수잔 놀렌 혹스마, 《앳킨슨과 힐가드의 심리학 원론》, 정영숙
     옮김, 박학사, 2017 참조.

보호하기 위한 수단을 동원한다. 방어기제는 의식적으로도 무의식적으로도 작동한다. 방어기제 중 가장 널리 알려진 것으로 합리화rationalization 기제가 있다. 합리화는 어떤 손해를 보거나 스트레스 등으로 인한 불안감이 심할 때 의식적 추론으로 상황을 정당화하는 행동이다. 예를 들어 동네 마트에서 단시간에 좋은 물건을 엄청난 가격으로 할인해 파는 판촉 이벤트를 한다고 가정하자. 뒤늦게 소식을 듣고 마트에 갔지만 이미 물건이 다 팔려서 속이 많이 상했다. 이럴 때 자아는 '판촉 행사에 나오는 제품은 별로 좋은 제품이 아니야. 돈을 조금 더 주고 좋은 것을 사면 돼' 식으로 합리화하면서 스스로를 위로한다. 합리화는 일상에서 가장 쉽게 볼 수 있는 의식적 방어기제다. 그런데 합리화가 지나치면 손해를 보거나 어리석게 행동하고도 반성을 하지 못하면서 시행착오를 되풀이할 수도 있다.

또 다른 방어기제로 전치displacement가 있다. 전치는 특히 성적 충동이나 공격성처럼 내부에서 기인하는 욕구나 감정을 다른 곳으로 전환해서 발산하는 태도를 말한다. 성 충동이나 공격성은 사회에서 제재를 당하는 경우가 많기 때문에 그런 행동이 허용되는 대상에게로 공격성을 전가하면서 발산하는 것이다. 예를 들어 화가 나서 누군가를 때리고 싶을 때 벽을 치거나, 다른 물건을 집어 던지는 경우가 전치의 예다. 사람을 때리면 자기 스스로도 공격성 때문에 불쾌해질 수 있기 때문에 자아가 인정할 만한 방식으로 욕구를 해소한다.

무의식에 가깝게 작동하는 방어기제도 있다. 투사projection나 반동 형성reaction formation이 그것이다. 투사는 우리가 인정하기 싫은 바람직하지 않은 속성이나 충동을 타인에게 전가하면서 스스로를 보호하는 기제다. 예를 들어 누군가를 이유 없이 미워하거나 혐오하는 사람이 있다. 타인을 미워하는 감정은 초자아의 양심을 작동시키고, 자아 스스로도 자기를 비난하기에 우린 이런 감정을 불편해한다. 이때 이 싫은 감정을 무의식적으로 타인에게 전가한다. 그러면서 '나는 그 사람하고 잘 지내려는데 그 친구가 나를 싫어하고 미워해서 나도 그래' 하는 것이 투사다. 여성 혐오나 인종차별 같은 현상도 상대방에게 혐오 감정인을 전가하는 투사의 일종이다. 예를 들어 자신이 원래부터 여성을 혐오하면서도 여성들의 어떤 행동 때문에 여성을 혐오한다고 정당화한다. 투사는 무의식이 의식을 속이는 전형적 방어 작용이다.

반동 형성도 숨겨진 무의식적 동기를 정반대의 행동으로 표현하면서 자신을 속이는 행동이다. 예를 들어 아이를 미워하는 계모가 있다고 해보자. 그녀는 자신이 옹졸하거나 나쁜 사람이라고 믿고 싶지 않기에 오히려 아이를 보면 지나칠 정도로 친절하고 과장된 행동을 한다. 하지만 아이는 계속해서 계모를 경계하는데 계모의 무의식에 숨겨진 적대감을 자신도 모르게 간파하기 때문이다. 반동 형성에서 나오는 행동은 사람에게 전혀 감동을 주지 못한다. 우리 속담에 '미운 자식 떡 하나 더 준다'라는 말은 반동 형성의 메커니즘을 잘 설명한 말이다.

이처럼 방어기제는 심리적 갈등을 피하고 욕구 충돌과 금기에서 오는 불안이나 스트레스를 피하기 위해 자아가 동원하는 책략으로, 현실 적응을 위해 발달했다. 하지만 방어기제나 합리화가 지나치게 만연되다 보면 정작 중요한 진실을 보지 못하고 비합리적으로 행동하면서 스스로 속아 넘어갈 수도 있다. 외국 사례를 보면 경제가 어려워지고 사회 불안이 가중되면 외국인 때문에 그렇다고 이민자나 난민 탓을 하는 극우 집단의 적대 행위나 백색테러가 종종 발생한다. 이것은 자신의 감정을 외국인에게 전가하는 투사나 사회 불안을 외국인 탓으로 돌리면서 자신의 공격성을 정당화하는 합리화 때문에 발생한다. 실제 외국인들이 범죄를 저지르거나 일자리를 뺏는 경우가 많지 않지만 이들은 사소한 사례를 침소봉대하면서 혐오 정서를 확산한다. 자아의 방어기제는 특별한 것이 아니라 일상적으로 작동한다. 그렇기 때문에 방어기제의 메커니즘에 대한 이해가 무엇보다 중요하다.

④

병든 자아

갈등하는 마음과 병

프로이트는 인간의 마음이 고정된 게 아니라 언제나 갈등하며 끊임없이 변한다는 역동적인 마음 이론을 전개한다. 마음은 고정된 실체가 아니라 변하고 서로 다툰다. 프로이트가 마음을 이루는 세 가지 요소라고 가정한 이드, 자아, 초자아가 동일한 에너지를 나누어 쓰면서 더 많은 에너지를 차지하기 위해 다투기 때문이다. 서로 주도권을 쥐기 위해 다투다 보니 우리 마음은 늘 갈등 속에 놓여 있다. 여기서 갈등을 조절하면서 욕망을 외부 현실에 맞게 조정하고 타협책을 찾는 것이 자아의 주된 임무다. 세 가지 심급instance에서도 자아가 특히 중요한 이유가 그 때문인데, 갈등을 조절하기 위해서는 무한정 쾌락을 추구하는 본능을 억압해야 한다. 프로이트에 따르면 인간이 자연과 타인으로부터 오는 고통을 방어하고 다스리기 위해 문명을 만들었기에 문명은 그 성격상 인간에게는 억압적일 수밖에 없다. 문명이 인간에게 많은 유익과 편리함을 가져다주었지만, 그 대가로 인간은 또 다른 고통에 시달릴 수밖에 없는데 프로이트는 문명인이 겪는 정신적 고통을 신경증neurosis이라 불렀다. 어떻게 보면 신경증은 우리가 문명인이 되기 위해 불가피하게 치러야 하는 대가다. 본능은 무제한의 쾌락과 자유를 지향하기 마련인데 문명이 그것을 통제하기 때문에 인간은 늘 긴장 속에 살게 된다. 이 긴장이 여러 형태의 신체적, 정신적 증상을 낳으며 다양한 정신 병리적 현상을 수반할 수밖에 없다는 것이 문명에 대한 프로이트의 진단이다. 신경증은 원래 정신분석학이 가정하는 임상 범주의 하나지만 우리는 자아가 본능을 통제하고 억압하면서 경험하는 넓은 의미의 정신적 고통 일반을 지칭하는 의미로 사용하려고 한다. 다시 말해 넓은 의미에서는 문명인들이 겪는 심리적 긴장과 이 때문에 생기는 육체적, 정신적 고통 일반이 신경증이다.

신경증이란 말은 1769년 스코틀랜드 의사인 윌리엄 컬런William Cullen이 인성 문제를 일으키는 신경계통의 질병을 정의하기 위해 처음 제안했다. 그러나 신경증은 신경계통이나 몸의 생리적 이상에서 비롯되는 신체 증상과는 구별된다. 심리 갈등이 원인이 되어 신체 증상을 일종의 위장용 가면처럼 만들기 때문이다. 1893년부터 프로이트는 유아기에서 비롯된 마음의 갈등을 드러내면서 동시에 은폐하는 증상들을 총체적으로 명명하기 위해 신경증이라는 말을 썼다. 신경증은 우리가 사회적 관계 속에 최초로 들어오는 유아기에 그 근원을 두고 있다. 하지만 심리 갈등 모두가 신경증은 아니며, 그 정도와 병리 구조의 성격에 따라 도착증perversion과 정신증psychosis이 있다.

정신분석학은 신경증, 도착증, 정신증을 인간 정신의 가장 기본적인 세 범주로 분류하면서 임상 이론을 전개하는 구조적 진단법을 사용한다.* 구조적 진단법은 겉으로 드러난 증상을 인과적 관점에서 성격장애, 행동 장애, 정서 장애 등 유형별로 범주화하면서 정신질환을 진단하는 정신의학적 방법과 달리 인간 내면의 충동과 무의식적 욕망이 펼쳐지는 기존 구조에 더 주목하는 정신분석 방법이다. 구조적 진단법에서 기본 범주로 정의하는 신경증, 도착증, 정신증은 치료가 필요한 정신 장애임과 동시에 모든 인간의 기본적인 정신 구조다. 이 중에서 정신분석이 주된 분석의 대상으로 삼는 게 신경증이다. 여기서는 엄격한 임상 이론에 매이지 않고 자아의 정신적 고통 일반을 신경증으로 바라보면서 분석하려고 한다. 정신증이 현실 원리를 따르는 온전한 자아의 구성에 실패하여 망상적 심리 구조에 경도된 상태라고 한다면, 신경증은 자아가 여전히 통제력을 잃어버리지 않은 채 갈등하는 구조다. 도착은 그 중간 정도의 상태로, 정신분석에서는 특히 아버지로부터 오

---

*   신경증은 히스테리와 강박증, 정신증은 정신분열증(조현병)과 편집증(망상증)과 조울증(양극성 장애)으로 나뉘며, 도착증은 유형에 따라 수많은 형태가 있다. 구조적 진단법은 증상에 따라 정신장애를 구분하는 게 아니라 인간 정신의 본래 구조를 크게 세 범주로 나눈 후 치료의 방향을 각각 다르게 설정하는 것이 특징이다. 구조적 진단법과 신경증, 도착증, 정신증에 대한 이하의 설명은 김석의 논문 「주체화와 정신분석의 윤리」(«문학 치료 연구» 제42집, 문학치료학회, 2017) 참조.

샤를 르 브룅, 〈감정을 배우고 그리는 방법〉(1698)

표정은 마음 상태를 보여주는 창이다

표정은 얼굴 속 근육들이 움직여 감정을 얼굴로 띄워내는 것이다. 찡그린 표정을 지을 때에는 상안면과 하안면의 근육이, 웃을 때에는 볼 부위인 중 안면의 근육이 주로 사용되는 등 표정에 따라 사용되는 근육의 위치나 개수가 다르다. 다른 근육들처럼 표정 근육 또한 자주 쓰는 근육이 더 발달하기에 자주 짓는 표정에 따라 그 사람의 인상이 달라진다.

는 최초 거세를 부인하면서 쾌락의 향유에 매달리는 상태를 말한다.

신경증은 이른바 정상적 사람의 정신 구조라 할 수 있다. 프로이트는 "우리 모두는 신경증 환자다"라는 유명한 말을 남겼다. 가장 원초적인 성적 본능을 억압하면서 문명으로 들어가는 것이 이른바 정상적인 심리 구조를 가진 사람들이 가는 길이기 때문이다. 프로이트는 자신의 저서 《문명 속의 불만Das Unbehagen in der Kultur Sigmund Freud》(1930)에서 신경증에 대해 다음과 같이 설명한다.

신경증은 자기 보존 욕구와 리비도의 요구 사이에서 벌어지는 투쟁의 결과로 간주되었다. 이 투쟁에서 자아는 승리를 거두었지만, 그 대가로 심한 고통과 욕망 단념을 치러야 했다.

신경증자는 본능의 억압에 성공했지만 그 때문에 늘 많고 적은 정신적 고통 속에서 긴장된 삶을 영위한다. 신경증에 대한 세밀한 정의를 잘 알지 못하더라도 자아가 늘 갈등과 고통 속에 산다는 것은 누구나 공감할 수 있다. 특히 한국처럼 생존경쟁에 대한 압박이 심하고 사회적 안전망이 취약한 성장 지향의 급변하는 사회에서 정신장애는 필연적인 현상일 수밖에 없다. 정신장애라고 해서 너무 심각하게 정신분열증 같은 질환을 떠올릴 필요는 없다. 우리가 일상적으로 경험하는 화병이나 우울증처럼 사회생활에 큰 지장을 주지 않더라도 주체의 삶에 여러 형태의 고통을 수반하는 모든 문제를 정신장애라고 생각하면 된다.

프로이트가 말한 대로 정상과 비정상의 경계는 그리 분명하지 않다. 또 살다 보면 누구나 정신질환이나 스트레스 때문에 약물에 의존하거나 치료를 필요로 하는 경우가 한두 번 이상 생기게 마련이다. 우리나라 보건복지부가 발표한 〈2016 정신질환 실태조사〉 보고서에 따르면 평생 한 가지 이상의 정신질환을 경험한 만 18세 이상 성인의 비율은 무려 25.4%이고, 정신질환을 앓아본 사람은 약 470만 명으로 추산된다. 평생 유병률이 높은 주요 정신질환군을 살펴보면 알코올 사용장애 12.2%, 불안장애 9.3%, 니코틴 사용장애 6.0%, 특정공포증 5.6%, 기분장애 5.3%(주요 우울장애 5.0%), 범불안장애 2.4%, 조현병 스펙트럼장애 0.5%, 약물 사용장애 0.2%였다. 정신질환 중 일반인들이 흔히 경험할 수 있는 불안장애, 기분장애, 범불안장애들이 큰 비중을 차지하는 것이 특징이다.

정신질환의 증가에 따른 당연한 결과로, 자살률 같은 지표의 숫자도 덩달아 높아진다. 보고서에 따르면 우리나라 사람 15.4%가 평생 한 번 이상 자살을 심각하게 고민해봤으며, 우리나라 국민 3.0%는 자살을 계획해본 적이 있고, 2.4%가 실제로 자살을 시도해본 것으로 나타났다. 주지하듯 우리나라 자살률은 OECD 최고인데 정신질환이 자살의 주요한 원인이 되기도 하는 것이다. 그런데 정신질환은 또 빈부격차의 증대와 취약한 사회 안전망, 삶의 불안전성 요인의 증가로 해마다 증가하는 실정이다.

최근 더욱 우려되는 현상은 성인 못지않게 우리나라 청소년들의 정신 건강 상황이 점점 심각해진다는 것이다. 한국청소년 정책연구원이 2012년에 발행한 〈청소년 정신 건강 실태 및 대응 방안〉에 따르면, 우리나라 청소년들의 정신 건강은 우려할 만한 수준이다. 보고서에 따르면 13~18세 청소년의 스트레스 인지율이 43.2%로 나타났고, 우울감을 경험한 비율은 응답자 중 37.5%로 나타났다. 또 자살을 계획한 청소년 비율이 19.5%이며, 실제로 자살을 시도한 비율도 3.6%나 된다. 이 비율은 최근 들어 더욱 늘어나고 있다.

게다가 건강보험심사평가원의 발표에 따른 〈2016~2018년 20대 정신질환 진료 현황〉을 보면 2018년 20대 스트레스 환자는 23,921명, 우울증 환자는 103,443명으로 2016년에 비해 거의 두 배 가까이 증가했다. 청소년과 청년들의 정신 건강은 우리 사회의 미래와 직결된다. 앞으로의 사회를 책임지고 이끌어나갈 청소년과 청년들의 정신 건강마저 심각한 양상을 보인다면 나라의 미래가 어떻겠

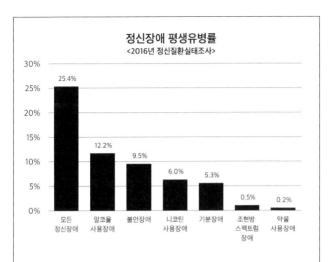

정신장애 평생유병률
<2016년 정신질환실태조사>

모든 정신장애 25.4%
알코올 사용장애 12.2%
불안장애 9.5%
니코틴 사용장애 6.0%
기분장애 5.3%
조현병·스펙트럼장애 0.5%
약물 사용장애 0.2%

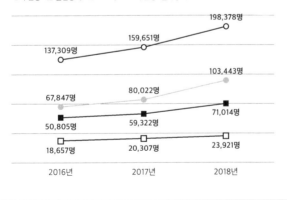

2016년~2018년 20대 정신질환 진료 현황

● 우울증　■ 불안장애　□ 스트레스　○ 우울증+불안장애+스트레스

우울증+불안장애+스트레스: 137,309명, 159,651명, 198,378명
우울증: 67,847명, 80,022명, 103,443명
불안장애: 50,805명, 59,322명, 71,014명
스트레스: 18,657명, 20,307명, 23,921명

2016년　2017년　2018년

는가? 정신 건강 관련 지표를 다른 선진국과 비교하면 우리나라는 몹시 위태롭고 불행해 보인다.

이렇듯 국민 정신 건강 실태가 전체적으로 심각함에도 정신 건강 전문가에게 상담이나 치료를 받은 비율은 15.3퍼센트에 불과할 정도로 아직끼지 정신 건강 관련 치료에 소극적일 뿐 아니라 정신장애에 대한 우리 사회의 편견과 몰이해도 심각하다. 우리나라 사람들은 정신장애 때문에 전문가를 만나는 사실 자체를 부정적으로 바라보기 때문에 아주 심각한 경우가 아니면 정신병원이나 심리 상담소를 찾지 않으며 주변에 얘기도 하지 않으려고 한다.*

정신질환자를 사회 부적응자나 일탈자로 보는 시각도 팽배하다. 예컨대 2016년 5월 17일 이른바 '강남역 살인 사건'이 벌어졌을 때, 범인이 조현병schizophrenia 진단을 받은 사람임이 드러나면서 정신질환자가 곧 잠재적 범죄자인 것으로 단정하고 이들을 위험하게 보는 사회적 편견**이 급속히 늘어나고 있다. 물론 과도한 정신장애가 강력 범죄로 연결되는 경우도 있지만 정신질환을 범죄와 동일시하는 것은 오류다. 그보다는 문명 속의 자아 자체가 늘 고통 속에 있음을 먼저 인정해야 한다. 문명인의 실존

---

* 2011년 7월 6일자 〈뉴욕 타임스〉에는 "한국인들은 스트레스를 받고 압박을 받지만, 치료를 회피한다(Stressed and Depressed, Koreans Avoid Therapy)"라는 제목의 기획 기사가 실리기도 했다.

자체가 구조적으로 고통과 정신적 문제를 수반한 삶의 멍에에 매여 있다. 먼저 우리 모두는 예외 없이 아픈 사람들이며 정신질환자가 비정상적인 사람들이 아니라는 것을 명심해야 한다. 정신 건강 문제에 대한 상식과 바른 이해가 선행될 때 문제를 해결할 수 있다.

신경증은 본인에게는 큰 고통이지만 역설적으로 사회나 타인에게는 큰 위협이나 해를 끼치지 않는다. 공동체에는 큰 문제가 없지만 개인은 고통의 무게를 온통 혼자 감내하는 것이 신경증이기 때문이다. 프로이트가 분석한 신경증 구조는 타인의 존재와 욕망을 인정하는 사람들이다. 대신 내면의 초자아가 발동하는 양심의 가책에 민감하게 반응하면서 내적으로 갈등을 겪으며 속으로 삭힌다. 신경증은 외적 강제력과 더불어 강요되는 규범이나 사회적 제재보다는 초자아가 내면에서 부과하는 양심과 죄책감에 더 민감한 사람들이다. 신경증자가 느끼는 죄책감은 특별

** 대검찰청에서 작성한 〈2020 범죄 분석〉 보고서에 따르면, 2019년에 범죄를 저지른 177만여 명의 범죄자 중 범행 시 정신장애 상태에 있었던 범죄자의 비율은 0.4퍼센트로 7,818명이다. 이는 정신이상, 정신박약, 기타 정신장애를 모두 포함한 수치다. 실제 비장애인이 저지른 범죄에 비해 정신장애인이 저지른 범죄는 미미한 숫자지만, 공포가 과장된 것은 자아가 부정적이고 인상적인 정보에 더 강하게 반응하고 그것을 더 유의미하게 기억하기 때문이다.

한 근거도 없으며, 의식적이기보다는 무의식적으로 작용하면서 일상에서는 죄책감보다는 불만이나 불쾌감으로 나타난다. 문명인들은 자신도 그 원인을 모르는 불쾌감이나 불안에 시달릴 수밖에 없는데 이것은 본능이 억압된 결과이자 초자아가 작동한다는 증거다. 프로이트가 《문명 속의 불만》에서 말하고자 한 바가 문명인의 이런 고통과 숙명이다.

정도의 차이는 있지만 누구나 어느 정도는 정신적 증상을 가질 수밖에 없다. 하지만 이 증상이 지나치면 사회관계에서 문제가 될 수도 있고, 부적응을 일으킬 수도 있다. 정상인에게도 정신적 증상은 있지만 이것이 폭력적이거나 과도하게 발휘되어 본인에게 고통을 주고 사회적 삶에 지장을 초래한다면, 이런 상태는 치료가 필요하다. 그 대표적 상태가 과도한 나르시시즘과 정신병의 일종인 망상증이다. 여기서는 엄격한 임상적 기준이 아니라 일상적의미에서 신경증과 정신병의 경계 개념으로 나타나는 이런 증상의 문제를 조금 얘기해보려고 한다.

나르시시즘의 폐해

병리적인 자아의 모습은 여러 가지가 있지만 과도한 나르시시즘과 이와 연관된 편집증적 상태를 중심으로 그 폐해를 살피면서 건강한 자아의 상태는 무엇인지 생각해보자. 그리스의 나르키소스 신화에서 유래한 용어인 나르시시즘은 19세기 성의학자 해브록 엘리스Havelock Ellis가 동성애의 심리적 기원을 설명하기 위해 최초로 그 특이성을 조명한 개념이다. 엘리스는 동성애자들이 이성이 아니라 자신과 닮은 동성을 사랑하는 병리적 상태를 나르시시즘이라고 지칭했는데 이것이 병적인 자기 사랑의 의미로 굳어졌다.* 단순한 이상심리뿐 아니라 자아의 형성까지 나르시시즘으로 개념의 외연을 확장한 사람이 바로 프로이트다.

프로이트는 최초에는 아이의 성 발달 단계와 연관해 자가 성애** 다음 단계에서 유아가 자신의 몸을 하나의 사랑의 대상처럼 간주하고 리비도를 투여하는 과도기적 상태를 지칭하였다. 나중에는 나르시시즘을 자아가 만들어지는 단계에서 신체 이미지에 동일시하게 만드는 원천으로 간주하면서 그것이 자아의 지속에 대한 확신을 가능하게 만든다고 설명한다. 하지만 프로이트는 나르시시즘이 공격적 성향으로 발전할 수 있음을 지적하기도 한다. 나르

* 제레미 홈즈, 《나르시시즘》, 유원기 옮김, 이제이북스, 2002 참조.
** 자가 성애란 구순기, 항문기처럼 신체의 특정 부분에서 쾌락을 경험하고 여기에 집착하는 유아기 성 단계를 말한다.(124쪽 참조) 자아가 성숙해지면 자가 성애는 자연스럽게 대상 성애로 발전한다.

시시즘은 거울을 들여다보면서 자신의 이상화된 이미지에 집착하며 이상화하는 심리를 타자나 대상과의 관계에까지 투영하는 심리적 상태를 말한다. 카라바조가 그린 〈나르키소스〉를 보면 물에 비친 자신의 모습을 황홀하고 신기한 표정으로 들여다본다.

화가의 의도인지는 모르나 그림에서 나르키소스의 무릎 부분이 중앙에 위치해 있으며 유난히 둥근 모양이 도드라져 보인다. 이것은 나르키소스가 무의식적으로 자신의 몸을 성적으로 아주 특별한 대상인 남근phallus처럼 대한다는 의미로 해석할 수 있다. 수면 위와 아래가 대칭적이면서 대조적 모습을 보이고 있는 것도 나르시시즘의 분열된 심리, 즉 내가 자아를 대상처럼 들여다보며 황홀해하는 심리를 잘 보여준다. 나르시시즘은 한마디로 거울에 집착하는 상태다. 거울이란 자신을 드러내주고 객관화하는 매개물로 자아를 특권적 대상으로 숭배하는 병리적 상태에 대한 은유다.

하지만 나르시시즘에는 긍정적 기능도 있다. 나르시시즘 덕분에 우리는 자아를 구성하고 이상화하면서 여러 긍정적 가치를 세계에 투영할 수도 있다. 자기 심리학자인 하인즈 코헛에 따르면 어린아이가 자신과 세계에 대해 갖는 기대와 흥분, 자신감에서 기원하는 야망, 포부, 이상은 나르시시즘의 긍정적 작용에서 비롯된다. 나르시시즘은

미켈란젤로 메리시 다 카라바조, 〈나르키소스〉(1594~1596)

물에 비친 자신의 모습과 사랑에 빠진 나르키소스

나르키소스가 태어났을 때 예언자 테이레시아스는 "자기 자신을 알지 못한다면" 그가 오래 살 수 있을 거라고 예언한다. 그렇게 물에 비친 자신의 모습과 사랑에 빠진 나르키소스는 손을 뻗으면 흩어지는 자신의 모습에 절망하며 생명을 잃어간다. 카라바조의 화폭에서 물에 비친 자신의 그림자를 사랑의 대상처럼 바라보는 나르키소스의 황홀한 표정과 그를 유혹하는 그림자의 흐릿한 실루엣이 기 싸움이라도 벌이는 듯 대조를 이루고 있다.

일생에 걸쳐 적절하게 조정되고 통제되면서 자아를 건강하게 만드는 역할을 한다. 코헛이 말하는 안정적이고 지속적인 건강한 자기애나 타인을 향한 공감적인 개방성과 애착 관계의 지속은 다 나르시시즘의 긍정적 기능과 연관 지어 생각할 수 있다. 그러나 자아에 성애적 에너지 리비도가 집중되는 상태인 과도한 나르시시즘에 빠지면 오히려 건전한 대상관계를 갖지 못하고 자아가 부풀려지면서 여러 부정성을 드러낼 수도 있다.

심리학에서 말하는 '연기성 성격장애' 같은 것이 그런 예다. 연기성 성격장애는 다른 사람들의 관심을 집중시키기 위해 자신의 외모를 이용하고, 끊임없이 과장된 감정 표현을 하면서 마치 연극적 상황처럼 행동하는 심리 상태다.[*] 자신이 영화의 주인공이라도 된 듯 연출하면서 타인의 관심이 없으면 불안해하기 때문에 성격장애로 분류한다. 영화 〈바람과 함께 사라지다〉(1957)의 주인공 스칼렛 오하라가 그 전형이다. 그녀는 오만하고 자기주장이 강하며 다혈질이지만, 남몰래 이웃에 사는 애슐리를 사랑하는 순정파이기도 하다. 하지만 애슐리가 자신의 친구 멜라니와 결혼하자 홧김에 멜라니의 오빠 찰스와 마음에도 없는 결혼식을 올린다. 찰스가 전사했다는 통지를 받고도 상복 차림

---

[*] 김현택·현성용, 《현대 심리학의 이해》, 학지사, 2008 참조.

으로 무도회에서 춤을 추는 스칼렛의 모습은 유명하다.

영화의 마지막 장면에서 스칼렛은 자신이 진정 사랑한 사람이 그간 미운 정이 든 남편 레트라는 것을 알았지만 남편은 이미 그녀에게 지쳐 떠난 뒤였다. 스칼렛이라는 캐릭터는 극적 흥미를 위해 창조한 영화적 캐릭터지만 실제 나르시시즘이 극대화된 사람들은 그녀처럼 타인을 온전하게 수용하기 힘들다. 자존심이 지나치게 강하거나 자신의 이상만을 상대에게 투영하면서 허상을 숭배하는 경향이 강하기 때문이다.

연기성 성격장애까지는 아니어도 나르시시즘이 지나치다 보면 타인이나 대상과 관계를 잘 맺지 못하고 자폐적 상태에 빠지거나 자아에 편향된 비뚤어진 세계관을 가질 수도 있다. 나르시시즘에 빠진 사람은 자기애나 집착에 눈이 멀어 다른 사람을 똑바로 바라볼 수 없다.

오스카 와일드가 쓴 《도리언 그레이의 초상》에 등장하는 도리언 그레이는 아름다운 여배우 시빌 베인을 사랑하지만 진정한 사랑이 아니라 순전히 허영심 때문에 구애를 한다. 도리언은 그녀를 있는 그대로 사랑하지 못하고 그녀가 무대 위에서 연기하는 이상화된 여주인공의 모습을 숭배하는 것이다. 시빌이 도리언의 구애에 감동해 사랑을 받아들이자 그 사랑은 순식간에 식어버린다. 결국 그녀를 경멸하고 냉대해서 자살하게 만들고 그 일로 시빌의 남

동생의 원한을 사게 된다. 도리언이 끝까지 향락과 방탕에 빠져 파멸을 향해 나아가는 것도 자신에 대한 과도한 나르시시즘적 열정이 만든 맹목성 때문이다.

프로이트를 재해석한 라캉은 상상계라는 새로운 개념으로 자아의 나르시시즘적 폐단을 분석한다. 상상계란 주체subject가 아니라 자아가 주인인 공간이다. 주체가 행동과 의지의 책임자로서 나를 말한다면 자아는 주체가 자신과 타인에게 내세우는 상상화된 이미지다. 자기소개를 할 때 머릿속에 떠올리는 이미지가 자아라 할 수 있다. 자아는 주체가 투영하는 이상과 이미지, 나르시시즘에 따라 구성되면서 주체를 소외시키는 일종의 가면이기도 하다. 상징계symbolic가 주체들이 공유하는 언어와 법의 객관적 질서라면 상상계는 극히 주관적이고, 자아가 관계를 맺는 이미지가 지배하는 질서다. 상상계에 속한 자아는 자기의 틀로 타인을 해석하고 자아의 가치관을 투영해 세상을 보기 때문에 객관적이지 못하고, 이것이 지나치면 망상적인 모습을 보인다.

흔히 망상장애로 불리기도 하는 편집증paranoia은 상상계가 언어의 세계인 상징계를 압도한 병리적 상태를 말한다. 라캉이 의대 인턴 시절 관찰한 편집증 환자였던 마그리트 팡텐이 그 전형이다. 그녀는 오랫동안 사람들이 자신을 박해한다는 피해망상과 함께 자신은 글쓰기를 통해 모두에게 존경받는 유명한 문인이 될 것이라는 과대망상에 시달리고 있었다. 그러다가 파리의 유명한 여배우가 자신을 음해하고 자신의 계획을 방해한다며 죽이려다 살인 미수로 체포되어 정신병동에 수용된다. 사실 피해자인 여배우는 마그리트와 일면식도 없는 사이였지만 그녀의 망상 속에서는 일련의 박해와 방해꾼들의 최종 인물로 이 여배우가 위치하고 있었다. 마그리트가 박해자라고 믿었던 인물들은 모두 그녀가 동경하던 상류 사회의 유명인들이었다. 마그리트의 편집증 증상이 심해지자 이번에는 그녀의 롤 모델들이 박해자로 설정된다. 마그리트는 한편으로는 그녀들을 동경하면서도 자신과 전혀 다른 삶을 사는 모습에 이질성을 느끼며 미워한 것이다.[*]

심술궂은 자아

라캉의 환자 마그리트와 같은 편집증은 신경증이 아니라 정신병적 구조로 봐야 한다. 하지만 신경증 주체도 비슷하게 행동할 수 있다. 자아가 삐뚤어져 심술을 부리는 것이다. 김기덕 감독의 영화 〈그물〉(2016)은 우연히 그물이 스크류에 걸려 배가 고장 나 남쪽으로 떠내려온 북한

[*] 엘리자베트 루디네스코, 앞의 책 참조.

어부 남철우의 이야기다. 영화에 등장하는 수사관은 심술 궂고 열등감 많은 자아의 전형이다. 병증이 있는 건 아니지만 정신적으로 건강하지 못한 사람이다.

남한 정보당국은 남철우의 표류가 위장 망명인지 사고인지를 알기 위해 조사하는 과정에서 철우를 자발적으로 귀순한 것처럼 만들어 체제의 우월성을 선전하려고 한다. 하지만 철우는 북에 두고 온 부인과 딸만 생각하면서 하루 속히 북에 보내줄 것을 호소한다. 철우를 조사하는 조사관은 6·25 때 가족이 인민군에 학살당해 공산당에 대한 증오와 냉전 이데올로기로 꽉 찬 인물이다. 조사관은 북에 대한 적개심으로 철우를 괴롭히지만 철우가 북송 요청을 철회하지 않자, 철우를 위장 간첩으로 몰아가며 고문까지 한다. 심지어는 철우가 탈북민을 만난 것을 구실 삼아 북으로 돌려보내줄 테니 자술서에 도장만 찍으라고 속이기까지 한다.

겉으로 보면 조사관의 행동은 투철한 애국심 때문인 것처럼 보이지만 철우를 계속 괴롭히는 모습을 찬찬히 분석하면 전형적인 망상 심리와 그것에서 기인하는 열등감에서 비롯됐음을 알 수 있다. 조사관은 처음부터 철우가 위장 귀순이 아니라 사고로 남으로 온 것이며 북의 가족 품으로 돌아가고 싶어 하는 것을 알고 있지만, 특수부대 출신으로 남한의 화려한 모습에 전혀 기죽지 않는 철우에게 은연

영화 〈그물〉(2016) 중에서

북한에 대한 악감정으로 철우를 겁박하는 조사관

삐뚤어진 자아가 표출하는 정신장애 증상은 타인과 관계에서 공격적 성향 등으로 나타난다. 의학적으로 병증을 진단받지는 않았어도 병든 자아상을 가진 사람들은 우리 주변에서 흔하게 찾아볼 수 있다.

중 열등감을 느끼고 자존심에 상처까지 입자 일종의 보복으로 그를 간첩으로 만들려고 하는 것이다. "간첩 맞아?"라고 상관이 묻자 "다 잠재적 간첩들이죠. 우리가 한두 번 당합니까"라고 대꾸하면서 먼저 확실한 증거를 찾으라는 말에 "강하게 (고문)해야 증거가 나오죠"라며 은연중에 증거 조작을 정당화한다. 간첩이라고 단정하면 증거가 생긴다고 단언하면서 모든 논리를 짜 맞추려는 것이나, 무조건 남의 충고를 물리치고 고집을 부리는 모습은 전형적인 피해망상적 모습이다. 이러한 조사관의 모습은 우리가 일상에서 경험하는 심술궂은 자아의 속성을 잘 보여준다.

실제로도 자아의 방어 논리는 이런 편집증적 상태*로 쉽게 변질되기 쉽다. 합리적 근거 없이 남을 의심부터 하는 사람들이나 분쟁이나 갈등이 생기면 자신을 억울한 피해자로 단언하고 상대의 얘기를 무조건 배척하면서 선악구도를 들이대는 모습은 자아가 보이는 병리적인 모습이다. 남들과 말다툼이나 논쟁이 벌어지면 한쪽으로 치우쳐 감정적이 되면서 자신의 논리를 극대화하는 자아의 망상적 모습이 여실히 드러난다. 다툼까지는 아니어도 이른바 학문적 토론이나 일상적 의사소통에서도 어려움이 많은

* 편집증적 모습이란 정신병은 아니지만 자기중심성을 극대화하면서 망상적 심리로 사태를 판단하고 자신이 틀릴 수도 있음을 전혀 인정하지 않는 모습이다.

것은 기본적으로 자아가 나르시시즘적 속성을 가지고 있기 때문이다. 그래서 라캉은 「〈도둑맞은 편지〉에 관한 세미나Seminar on The 'Purloined Letter'」에서 주체의 대화가 본질적으로 '귀머거리 대화'일 수밖에 없다고 설명한다. 귀머거리 대화는 논리나 이성이 약한 사람뿐 아니라 비판적 사고에 익숙한 사람도 쉽게 빠지는 함정이다. TV에서 자주 볼 수 있는 토론회도 비슷하다. 대체로 전문가들의 토론도 감정적이 되고 때로 극한적 대립으로 내달리는 이유는 자아의 망상적 모습에서 기인하기도 한다.

자아가 사태를 자신만의 시각과 판단 기준으로 제멋대로 보는 모습은 일상에서 너무 많이 발견된다. 우리 속담에 며느리가 미우면 발뒤꿈치가 달걀 같아 밉다는 말이 있다. 발뒤꿈치가 달걀처럼 둥글다면 예쁜 모양인데 그것조차 밉게 보인다는 것이다. 이 속담은 한번 누구를 미워하면 그 사람의 단점은 더 크게 눈에 띄고, 장점조차 단점으로 보이는 것을 비유한 말이다. 내가 원하는 것만 보고, 내가 원하는 것만 들으려는 자아의 망상 때문에 이런 일이 벌어진다.

자아의 편집증적 속성이 집단적 신념이 되고 사회에 의해 정당화되면 약자나 소수자를 향한 광기로 변하기도 한다. 중세 유럽에 만연했던 마녀사냥의 풍습, 나치에 의한 유태인 학살 등도 자아의 광기가 빚어낸 끔찍한 모습들이다. 나치 지도자 헤르만 라우슈닝Hermann Rauschning은 유태인 학살에 대해 나치는 만약 유태인이 존재하지 않았다면 그들을 만들어내야 했을 것이라고 말하기도 하였다. 인종차별이나 폭력도 실제 피해자들이 문제를 일으켜서 그렇다기보다는 자아의 선입견이나 편견 때문에 벌어지는 경우가 많다. 자아의 광기는 구조적 속성이기도 하다.

그렇기 때문에 무조건 자아를 강화할 게 아니라 자아의 부정적인 모습과 망상적 속성을 철저하게 알고 경계해야 한다. 데카르트가 한 것처럼 자아 자체를 극한까지 의심하는 것도 좋은 방법이다. 자아를 의심하는 것은 의심을 위한 의심이나 회의주의적 태도가 아니라 진리의 확실성에 도달하기 위한 방법이다. 자아의 편견이나 망상적 기만에서 벗어나려면 자아 자체를 더 냉철하게 들여다보아야한다. 자아는 그 자체로는 건강하지도 나쁘지도 않지만 구조적으로 상상적인 본성을 지니고 있다. 상상적 본성은 자아의 고질병이기도 하다. 병을 잘 알아야 고칠 수 있다. 자아는 우리가 생각하는 것보다 더 병적이다.

변하는 자아

바꿀 수 있는 자아

자아는 변한다. 고정된 실체가 아니기 때문에 변하는 것이 당연하다. 자아는 자신이 어떤 인간인가에 대해 주체가 지닌 종합적인 신념이자, 스스로가 인정하고 타인들이 부여한 정보에 불과하기 때문이다.* 자아 개념이 자신에 대한 신념과 정보에 기초한다면 가치관을 바꿈으로써 자아의 성격 자체를 바꾸는 것도 가능할 것이다. 그런데 사람들이 쉽게 수긍하지 못하는 것이 바로 자아가 변한다는 사실이다. 사람들은 청소년기를 거쳐 성인이 되면서 정체성, 성격, 가치관이 어느 정도 고정되어 캐릭터화된다고 믿는다. 사람들을 유형화하거나 특이성을 파악해 별명을 붙일 수 있는 것도 어느 정도의 고정된 특성이 있다고 믿기 때문에 그렇다. 물론 자아의 고정적 부분도 존재한다. 그러나 자아를 이루고 있는 요소들은 관계적인 것이기에 자신도 모르는 사이에 변화한다. 자아가 변화하는데도 우리가 그것을 잘 인지하지 못하는 것은 자아가 객관적으로 관찰 가능한 대상이기보다는 융이 말한 것처럼 모든 인격적인 것의 안정적인 통합체이기 때문이다. 시간이 흐르면서 적지 않은 변화가 생겨도 우리는 자신을 늘 똑같은 사람이라고 생각한다.

그러나 여러 경험을 쌓고 학습하면서 새로운 점을 발

---

*   김현택·현성용, 앞의 책 참조.

견하거나 새로운 정보가 습득되면 자아는 바뀌기 마련이다. 우리가 지각하지 못해도 어제의 나와 오늘의 내가 다를 수밖에 없다. 불교에서도 모든 존재에는 불변의 실체가 없다는 '제법무아製法無我'의 진리가 삼법인의 하나로 강조된다.* 만물은 여러 인연을 통해 그때그때 존재하며 소멸하는 현상에 불과하기 때문에 자아도 어떤 불변하는 본질을 갖지 않는다는 뜻이다. '변하는 자아'라는 말을 이해한다면 왜 주체가 자아를 다루는 것이 그렇게 중요한지 이해할 수 있다. 주체의 의지에 따라 부정적인 속성을 고치면서 긍정적 모습이 더 두드러지도록 발전시킬 수 있기 때문이다. 결국 주체인 나와 대상이기도 한 자아가 맺는 관계, 즉 내가 나를 어떻게 할 것인지가 중요하다.

또 자아는 다른 사람들과 상호작용을 통해 영향을 받으면서 바뀌기도 한다. 성장 과정에서 특히 나와 밀접한 관계를 맺는 사람들의 나에 대한 평가나 작용은 자아의 성격을 결정하는 데 핵심 역할을 한다. 특히 자아실현의 핵심 역할을 하는 자존감self-esteem의 형성에는 부모가 아동에게 보이는 긍정적 반응이나 존중이 큰 역할을 한다. 부모나 보호자가 아이를 무시하거나 방임하듯 키우면

---

* 불교 경전에서는 몸은 물결, 느낌은 거품. 생각은 아지랑, 의지는 파초, 인식은 허깨비이며 이것을 세존의 가르침이라고 말한다. (곽철환, 《불교공부사전》, 운주사, 2012 참조)

대체로 자존감이 낮아지지만 통제를 하면서도 아이의 요구를 잘 수용해주고 격려하면 자존감이 높아진다. 심리학자 조너선 브라운Jonathan D. Brown은 높은 자존감이 유의미한 타인으로부터 자신이 수용되고 가치를 인정받는 데서 형성된다고 말한다. 하지만 타인의 평가는 자아 개념이 어느 정도 굳어지면 많은 영향을 미치지는 못한다. 사람들이 성장 과정에서 자아에 대한 안정성을 찾기 위하여 자기가 믿는 신념에 부합되는 평가나 정보를 주로 받아들이려고 하는 자기 입증self-verification이 생기기 때문이다.* 결국 타인의 평가도 영향을 미치기는 하지만 자신의 신념이나 태도가 자아의 변화에 더 큰 영향을 미치는 것이다.

자아는 변한다. 우리 주변을 돌아봐도 유아기-아동기-청소년기-성인기-노인기를 거치면서 성격과 습성이 바뀌는 사람들을 드물지 않게 본다. 이 방향은 일관된 것이 아니라 때로 긍정적이기도 하고 부정적이기도 하다. 가치관이 바뀌거나 극적인 사건을 경험하면 때로 사람이 전혀 다른 사람처럼 변하기도 한다. 성경에 나오는 사도 바울의 변화는 철학자 알랭 바디우가 '사건'의 전형이라 부를 정도로 극적이다. 그는 원래 그리스도교의 박해자이자 유대인

---

*   자기 입증은 미국의 심리학자 윌리엄 스완(William Swann, 1952~)이 제안한 개념이다.

의 열심당zealot 멤버 사울로, 그리스도를 믿는 유대인들을 잡으러 다메섹*으로 가던 중 예수의 목소리를 듣는다. 성경에는 눈부신 빛이 비추는 장면으로 이 순간이 묘사된다. 이 사건 이후 사울은 개종하고 이름을 바울로 바꾸며 그리스도교를 누구보다 열심히 전파하는 사도가 된다. 성경에 바울은 이러한 극적인 변화를 다음과 같이 고백한다.

> 내가 팔 일 만에 할례를 받고 이스라엘의 족속이요 베냐민의 지파요 히브리인 중의 히브리인이요 율법으로는 바리새인이요 열심으로는 교회를 핍박하고 율법의 의로는 흠이 없는 자로라.
> 그러나 무엇이든지 내게 유익하던 것을 내가 그리스도를 위하여 다 해로 여길뿐더러 또한 모든 것을 해로 여김은 내 주 그리스도 예수를 아는 지식이 가장 고상함을 인함이라.
>
> 《빌립보서philippians》 3:5~8

바울의 고백처럼 교회를 핍박하던 사람이 그리스도를 위해 모든 것을 버리는 사람으로 바뀌었다. 히브리인 중의 히브리인이자 바리새인이던 사람이 예수를 위해 복

---

*   현재 시리아의 수도인 다마스쿠스.

음을 전하는 사도로 바뀐 것이다. 바디우는 이러한 변화를 주체가 등장하는 의미 있는 사건으로 평가한다.

　　나도 대학 시절부터 성격이나 행동이 극적으로 변화했다. 중고등학교 시절 내 성격은 굉장히 내성적이었고 매사에 소극적이었다. 특히 사람들 앞에 나서서 어떤 말이라도 하려면 모두 나를 원숭이 구경하듯 빤히 보면서 평가하는 느낌이 너무 심해 두려움을 느낄 정도였다. 지금 생각하면 광장공포증이 있었다. 물론 지금도 이런 과거의 흔적이 남아 있어, 남들 앞에 나서기 전까지 항상 두근두근하고 본능적으로 긴장이 심해진다. 자연히 학창 시절에 친구들과 만날 때도 적극적으로 모임을 이끌거나 먼저 행동을 하기보다는 한 발짝 뒤에서 조심스럽게 관망하면서 남들에 묻혀 따라가는 경우가 많았다. 어쩌다 튀는 말이나 행동을 해서 모두의 시선이 내게 집중되면 어찌할 바를 몰라 당황하곤 했다. 새 친구를 만나도 먼저 말을 걸어오기를 조용하게 기다리는 경우가 많았다. 자연히 중고등학교 시절에는 거의 존재감 없이 불안한 마음으로 지내곤 했다. 어떻게 보면 가급적 나를 드러내지 않으려고 노력했고, 자신의 능력이나 장점을 발굴하기보다 부정적 자아관이 강했던 시기였다.

　　그러던 고등학교 2학년 시절, 반에서 거의 말이 없던 한 친구가 나를 놀라게 한 적이 있다. 어느 날 친구들이 자습 시간에 많이 떠들자 갑자기 그가 교단으로 나와 "애들아, 조용히 하고 수업 분위기 좀 만들자" 하고 버럭 소리를 치고는 아이들을 노려보다 들어간 것이다. 평소 전혀 말이 없던 친구가 갑자기 그러니 모두 놀라서 교실이 일순 조용해졌다. 그때 나는 왜 저 친구 같은 용기나 엉뚱함이 없을까 하고 그의 돌발 행동을 오히려 부러워했다. 지금 보면 나를 변화시키고 싶은 마음은 굴뚝같았지만 그것이 폭발하기에는 아직 여건이 미약했던 것 같다.

대학에 와서는 너무 큰 환경의 변화를 실감하면서 소극적인 내 모습이 점점 싫어지기 시작했다. 마치 몸이 커지면서 입던 옷이 작아 불편한 것처럼……. 일단 고등학교 때처럼 무작위 추첨으로 학교에 들어온 것이 아니라 학력고사를 거쳐 내가 원하는 대학과 학과에 진학한 만큼 어느 정도 삶에 대한 자신감이 붙고 새로운 생활에 대한 호기심이 생겼다. 변화의 가장 큰 계기는 시국 시위에 참여한 것과 이후 연관된 여러 만남이 많아지기 시작한 것이었다. 아주 보수적인 기독교 집안에서 자라나 철저한 반공 교육을 받고 자란 세대인 만큼 나 역시 고등학교 시절까지는 보수적이고 경직된 세계관을 지니고 있었다. 아니 보수적 세계관에만 노출되었었다는 편이 더 정확하다. 그러다 대학에 들어와 처음 대자보에서 목격한 광주 항쟁 희생자들의 사진이 나를 놀라게 하였으며, 노동자 농민의 열악하고 억압받는 현실이 잠재한 정의감을 일깨우면서 충격과 분노로 번민하는 시간이 많아졌다. 지금껏 무엇을 알고, 무슨 생각을 하고 살았나 하는 자성적 질문이 들면서 굶주림을 채우듯 여러 서적들에 몰두했다. 그리고 유독 격정적이고 비판적인 학과 분위기에서 시국 관련 주제나 동맹휴교 등을 놓고 자주 친구들과 토론하면서 내성적이었던 성격이 조금씩 적극적이고 활달한 모습으로 바뀌기 시작했다.

하나의 변화는 또 다른 변화를 부르는 물꼬가 된다. 학회 임원을 맡고 선후배들과 자주 어울리고 토론회에 주도적으로 참가하면서 나도 몰랐던 여러 자질이 차츰 드러났다. 그러면서 하루하루 달라지는 내 모습에 나도 놀라게 되었다. 급기야 대학 4학년 때에는 수백이 넘는 학생들 앞에서 연설을 해도 전혀 떨리지 않고 리더로서 앞에 나서는 경우가 점점 많아졌다. 대학 생활의 새로운 경험이 나를 바꾸는 계기가 된 것은 사실이지만, 그보다는 원래 내 안에 감춰지고 억압되었던 기질과 끼가 물을 만난 듯 새로운 환경 속에서 펼쳐졌다는 것이 정확한 표현일 것이다. 아무튼 그 후의 내 모습은 중고등학교 시절과 비교할 때 거의 하늘과 땅의 차이만큼이나 크게 바뀌었다. 몇몇 고등학교 친구들은 대학 이후 변한 나의 외향적 모습이나 활동에 많이 놀라기도 했는데, 그만큼 변화의 폭이 컸기 때문이다.

나의 이 사적인 이야기는 자아라는 것이 어느 정도는

내가 남들에게 보여주는 가면이기에 계속해서 바꾸어 쓸 수 있다는 예시가 될 것이다. 그리고 우리는 자아에 대해 잘 알면 알수록 우리가 원하는 방향으로 나를 만들어갈 수도 있다. 그래서 《대학》에서는 '일신우일신日新又日新'이라 하여, 나날이 새로워지는 것을 수양의 한 방편으로 제시하기도 했다. 그렇다면 자아에서 바뀌는 부분은 무엇이고, 어떤 것이 변화를 유도할까?

자아를 변하게 만드는 것

자아가 변한다는 것은 자아를 이루는 구성 요소들이 변한다는 의미이기도 하다. 자아의 구성 요소로는 신체와 외모, 활동성, 성격과 감정, 정체성, 가치관을 들 수 있다. 이는 심리학자 윌리엄 데이먼과 대니얼 하트Daniel Hart가, 자아 개념의 토대를 이루는 것이며 자아에 대한 설명과 기술의 대상으로 언급한 신체적 특징, 활동성, 사회적 특성, 심리적 특성과도 통한다. 자아는 하나의 고정된 실체가 아니라 이런 요소들이 어우러져 상호작용하면서 만들어진다. 다른 사람들에게 내가 누구인지를 설명할 때 실제로 외모, 활동, 성격을 종합적으로 참조하면서 자신의 정체성과 가치관에 대해 이야기한다.

신체적 특징을 포함한 외모는 자아를 타인과 구별하

고 본인의 특징처럼 기술하면서 긍정적이거나 부정적인 자기 느낌을 주는 중요한 요소다. 자아의 요소에서 외모는 자아를 가시화해주는 토대다. 프로이트는 최초의 자아가 신체 이미지에 대한 동일시를 통해 만들어졌다고 말하기도 했다. 자크 라캉은 거울에 비친 타자화된 신체 이미지가 자아의 핵심 요소가 된다고 하면서 자아의 기원을 거울 단계에서 찾아 프로이트의 사상을 더 정교하게 만들었다. 거울 단계란 심리학자 앙리 왈롱이 소개한 이론으로 아동이 자신의 정체성을 확립해가는 것에 관한 이론이다. 보통 6~8개월 사이에 유아는 거울에 비친 자신의 이미지를 알아보고 이에 열광하고 집착하면서 자신이 존재한다는 객관적인 느낌을 갖는다. 외모는 자아 형성의 첫 번째 단계에서 중요한 역할을 하는데, 살면서 때로 자존감을 높이거나 낮추는 작용을 한다. 특히 급속한 신체적 변화와 성징의 형성을 경험하기 때문에 제2성장기라 불리는 청소년기에는 외모에 대한 집착과 콤플렉스도 유독 많다. 외모가 남들에 비해 좋으면 자존감도 높고, 유독 키가 작거나 외모가 맘에 들지 않으면 열등감 때문에 괴로워하기도 한다. 우리나라에서 특히 유행하는 성형 열풍은 단순한 모방이 아니라 자기 나름으로 개성과 정체성을 확립하기 위한 노력의 일환이기도 하다.

하지만 외모는 자아의 구성 요소 중 가장 가변적이

고 부수적이다. 외모는 자아의 본질이 아니라 단지 겉으로 드러난 모습에 불과하기 때문이다. 매력 있는 외모가 어떤 사람에게 긍정적인 느낌을 갖도록 유리하게 작용하는 것을 후광효과라고 한다. 하지만 외모와 실제 성격이 다른 경우도 많다. 예컨대 살찐 사람이 보통 성격도 후덕하고 게으를 것이라고 생각하지만 정반대인 경우도 많다.

활동성은 학생이 공부를 하고 주부가 가사 노동을 하며 직장인이 회사에서 일을 하는 것처럼 자신의 일상에서 삶을 유지하기 위해 하는 주된 활동을 말한다. 초중고 학령기에는 학교에서 하는 공부나 특별하게 몰두하는 활동이 자아 성격과 정체성의 많은 부분을 결정한다. 그러다 성인이 되어 취업을 하면 자신의 직업 활동이 자아 정체성에 많은 영향을 끼친다. 예를 들어 사회 복지사처럼 남을 돌보고 봉사하는 직업에 종사하다 보면 누군가를 돕는 것이 자신의 삶에 아주 중요한 의미를 지니게 된다. 반면 법관이나 의사처럼 남들이 선망하는 직업에 종사하다 보면 우월감을 가지고 엘리트 의식을 갖기 쉽다.

자아 정체성은 주로 유아기에 형성되며 한번 형성되면 비교적 일관성을 유지하는 경향이 있다. 프로이트는 특히 오이디푸스 콤플렉스를 경험하면서 인격과 성 정체성이 형성된다고 말했다. 정체성은 자신의 주된 활동과 연관되어 자신이 속한 집단에 의해 결정된다. 심리학자들은 사회의 특정 집단에 속한다는 사회 정체성이 자아 정체성에 매우 중요한 역할을 한다고 말한다. 긍정적인 사회 정체성을 가지는 사람이 자존감도 높게 마련이다.

성격이란 한 개인이 가지고 있는 특정한 사고, 행동, 감정의 양식을 말하며, 한 개인을 다른 개인과 구별하는 가장 중요한 특질이기도 하다.* 성격도 여러 유형으로 구분하지만 고정된 것은 아니다. 프로이트는 성 발달 이론과 성격을 연관 지은 것으로 유명하다. 예를 들어 구순기 성격은 자기 물건이나 소유에 집착을 하며, 항문기 성격은 완고함, 인색함, 깔끔함이나 결벽증적 성향으로 표현되기도 한다. 또 남근기는 허영심이나 과시적 성격과 연관성이 많다. 분석심리학의 창시자 칼 구스타프 융은 외향성과 내향성 성격을 구분했다. 성격은 개인적인 것처럼 보이지만 개인적인 것만은 아니고 타인의 인정이나 평가에 의해 많은 영향을 받는다. 타고난 유전적인 요소도 있지만 성장 환경이나 사회적 관계에 의해 많은 영향을 받으면서 형성되기 때문이다.

위에서 살펴본 것처럼 외모, 활동성, 성격은 확실히 자아의 중요한 요소이며, 이 중 하나의 요소라도 바뀌면 그 자체가 자아의 변화에 큰 영향을 끼친다. 그런데 이 모든 것 중에서 가장 근원적인 변화를 이끌어내는 것이 바로

---

* 김현택·현성용, 앞의 책 참조.

가치관이다. 내가 경험했던 자아의 큰 변화도 따지고 보면 새로운 가치관의 수용 때문에 가능했다. 역사적으로도 이런 사례는 많다. 눈을 비비고 상대를 다시 본다는 뜻의 '괄목상대刮目相對'의 주인공 여몽이 대표적이다. 오나라 장수였던 그는 관우를 잡은 인물로 유명하다. 여몽은 뛰어난 무예와 용맹을 자랑했지만 무식하기로 소문이 나 있었다. 그러다 그가 모시던 오나라 주군 손권으로부터 장수가 너무 무식한 것도 흠이라는 질책을 받고는 두문불출하고 학문을 부지런히 닦아 높은 식견을 가진 새사람으로 변모하여 모두를 깜짝 놀라게 하였다.

새로운 가치관을 얻으면 삶의 방식이나 목표 자체가 바뀌기도 하고, 자신의 성격이나 활동도 이에 맞추려고 노력한다. 일전에 TV에서 아프리카나 가난한 개발도상국 어린이들을 위한 민간 교육 봉사활동 단체 대표의 이야기를 본 적이 있다. 어렸을 때부터 공부를 잘해 아버지로부터 판사가 되라는 얘기를 듣고 열심히 공부를 했으나 적성에 맞지 않아 고민이 많았다던 그녀는 사법고시에 연거푸 실패하고 거의 폐인처럼 지내다가 우연히 참가한 봉사 활동에서 처음으로 삶의 희열과 보람을 느꼈다. 봉사 활동 체험을 통해 그녀는 작은 것일지라도 자신이 가진 것을 나누고 남을 돕는 것이 얼마나 소중하며, 행복은 이런 나눔을 통해 만들어가는 것이라는 새로운 가치관을 얻게 되었다.

이후 개발도상국 어린이들을 위한 교육 봉사 단체를 만들어 아주 적극적으로 운영하며 개발도상국 어린이 교육을 위해 많은 활동을 하고 있다는 가슴 훈훈한 이야기였다. 이처럼 어떤 가치관을 갖느냐에 따라 삶의 모습뿐 아니라 자아상이 바뀐다. 그러므로 자아의 변화와 성장을 위해서는 좋은 가치관을 갖는 것이 필요하다.

긍정적 변화와 부정적 변화

그런데 자아의 변화는 하나의 방향으로만 이루어지는 않는다. 자아의 변화는 일생 동안 다양한 강도로 이루어질 수 있다. 또 사춘기처럼 자아의 변화가 큰 폭으로 이루어지는 시기도 있으며, 긍정적인 면모를 보이기도 하지만 부정적으로 진행될 수도 있다. 우리가 의식하지는 못해도 자아는 늘 변하고 있다. 영화나 드라마에서는 순진하고 정도 많고 착하던 사람이 배신을 당하거나 큰 위기를 겪으면서 차갑고 악마 같은 전혀 다른 사람으로 변모하는 장면을 심심찮게 볼 수 있다. 보통 복수극이나 스릴러물에 이런 캐릭터가 등장하는데, 좀 과장되게 표현되었겠지만 현실에서 이런 모습을 전혀 볼 수 없는 것은 아니다.

찰스 디킨스의 유명한 소설 《크리스마스 캐롤》의 주인공 수전노 스크루지 영감도 부정적으로 변화된 자아의 전형이다. 스크루지 영감은 많은 돈을 벌었지만 철저하게 혼자다. 추운 겨울날 사무실에 난로도 때지 않고 남을 위해 돈을 전혀 쓸 줄 모르는 전형적인 구두쇠로, 사람들과 인사조차 나누지 않으며 유일한 혈육인 가난한 조카가 찾아와 크리스마스이브에 저녁밥을 먹자고 초대하자 차라리 지옥에 가겠다고 거절하는 냉정한 위인이다.

그러다 크리스마스이브에 과거의 혼령이 나타나 스크루지를 어린 시절로 데리고 간다. 가난과 아버지의 폭력에 떨었지만 스크루지는 여동생을 아끼고 친구들을 좋아하는 수줍고 순진한 아이였다. 과거 고향 마을을 보며 스크루지는 눈물을 흘리고, 어린 시절 동무들이 '메리 크리스마스' 하고 인사할 때는 몹시 즐거웠다고 회상한다. 학교를 졸업한 후에는 좋은 직장에 취직을 하고, 예쁜 여자와 사랑에 빠지기도 한다.

하지만 어린 시절의 가난 때문에 교사와 친구들에게 따돌림을 당하고 고생을 많이 한 스크루지는 가난뱅이로 살다 죽을까 봐 몹시 두려워한다. 또 아이를 낳다가 죽은 여동생에 대한 미안함도 늘 마음 한구석에 있다. 나이가 들면서 스크루지는 점점 돈에 집착한다. 돈 때문에 사랑도 버리고, 남에게 차갑게 마음을 닫는 완고한 노인으로 영혼이 변해간다. 스크루지가 혼령들과 과거에서 현재로 여행하는 데 따라 그 자신이 점점 추악하고 비인간적으로 변해

가는 과정이 소설 속에 압축적으로 나타나 있다. 현실에서도 스크루지 영감처럼 부정적으로 변한 사람들의 모습을 적잖게 볼 수 있다. 돈, 명예, 권력 등 남을 지배할 수 있고 자기의 우세를 드러내주는 요소들이 삶을 지배하게 되면, 자아 자체도 이런 모습으로 변한다.

스크루지와 반대로, 구제가 거의 불가능한 악당이나 쓰레기처럼 살던 사람이 종교에 귀의하거나 누군가를 만나 큰 영향을 받은 후 완전히 새로운 사람으로 바뀌어 제2의 인생을 사는 경우도 있다. 롤랑 조페 감독의 영화 〈미션〉(1986)의 주인공 로드리고 멘도자가 이런 경우다.

로드리고 멘도자는 원래 노예사냥꾼으로, 과라니 원주민들을 납치해 팔아먹는 잔인한 사람이었다. 치정 문제로 동생과 다투다 실수로 동생을 죽이고 만 로드리고는 동생을 사랑했던 마음에 자책감으로 자살하려 한다. 그러다 원주민 지역에서 선교를 하던 가브리엘 신부에게 설득당하고 그를 따라가 속죄와 고행의 삶을 새로 시작한다. 신의 용서를 받고 원주민에게 사랑을 베풀며 그들에게 헌신하며 신부로서 평화를 얻은 로드리고의 새로운 삶은, 노예 상인들과 스페인 병사들의 침략으로 위기를 맞는다. 과거에 노예 상인으로서 원주민들을 습격했던 로드리고는 이번에는 원주민들을 위해 예전에 버렸던 칼과 총을 들고 함께 싸우다 죽는다. 사람을 이렇게 극적으로 변화시키는 데

애니메이션 〈크리스마스 캐롤〉(2009) 중에서

돈이 삶을 지배하게 되면

스크루지 영감은 괴팍하고 야멸찬 성미에 걸맞게 영상 매체에서 찔러도 피
한 방울 날 것 같지 않고 심술만 가득 찬 구두쇠 영감으로 재현되기 일쑤다.
하지만 그도 원래는 착하고 순진한 소년이었다.

종교는 특히 큰 힘을 발휘한다. 종교야말로 가치관을 신앙이라는 절대적 차원으로 이끌기 때문이다.

결국 자아의 변화를 긍정적으로 혹은 부정적으로 이끄는 것은 자신이 어떤 가치관을 갖고 있느냐에 달려 있다. 스크루지 영감은 불행했던 유년기의 기억 때문에 점차 돈이 제일 중요하다는 생각으로 경도되기 시작하고 모든 가치를 돈을 중심으로 평가하면서 사랑하는 약혼자, 가족, 친구와 관계도 끊는다. 스크루지에게는 돈이 곧 선인 것이다. 〈미션〉의 로드리고는 신에 대한 감사와 헌신, 그리고 그 과정에서 피어난 원주민에 대한 사랑이 그를 새로운 사람으로 바꾸었다. 세속적 이익만 추구하며 원주민을 돈벌이 대상으로만 보던 노예사냥꾼 로드리고가 신에 귀의하고 원주민들과 생활하면서 따뜻한 사랑을 느끼고는 그들의 친구이자 그들의 자유를 위해 싸우는 수호자로 거듭난 것이다.

바른 가치관의 중요성

이처럼 우리가 갖는 가치관은 자아를 변화시키는 데 핵심적인 역할을 한다. 가치관은 단순한 신념이 아니라 자신이 올바르다고 생각하는 대상에 대한 판단과 생각을 전제한다. 가치관에서도 특히 우리가 인생의 목적으로 삼는 행복에 대한 생각이 결정적이다. 그렇다면 행복해지기 위

영화 〈미션〉(1986) 중에서

어제의 사냥꾼이 오늘의 수호자로

과라니 원주민들을 잔학하게 사냥하던 노예사냥꾼에서 원주민들에게 애정을 갖고 그들의 편에 서서 노예 상인과 포르투갈 군대에 맞서 싸우는 신부가 된 로드리고 멘도자의 모습을 통해, 신앙이라는 극적 체험과 여기에서 비롯되는 새로운 가치관이 사람을 완전히 바꿀 수 있음이 잘 드러난다.

해서는 어떻게 해야 할까? 여기서 아리스토텔레스의 조언을 잠시 참고하자. 아리스토텔레스는 자식을 위해 썼다고 알려진 《니코마코스 윤리학》에서 어떤 삶이 행복한 삶인가를 집중 탐구한다. 그에 따르면 행복은 인간이 지향하는 최고의 선으로 인간 삶의 궁극적 목표다. 인간이 하는 모든 기술과 행동은 어떤 좋음의 상태를 추구하기 마련인데 이 좋음의 상태 혹은 가장 충만한 상태가 아리스토텔레스가 생각하는 행복이다. 행복이 곧 선이라는 것이 당시 아리스토텔레스뿐 아니라 그리스 사람들의 일반적 가치관이었다. 사실 인간의 목적이 행복이라는 것은 이미 소크라테스와 플라톤이 강조한 것이다.

그런데 아리스토텔레스가 말하는 행복은 주관적인 느낌이나 어떤 상태를 말하는 게 아니라 완성의 상태다. 완성의 상태이기 때문에 그것은 좋은 것이자 선한 것이다. 아리스토텔레스에 따르면 행복은 선이고, 가장 완전해서 더 이상 여기에 다른 것을 더할 필요가 없어야 한다. 그리스어로 행복은 에우다이모니아eudaimonia다. 이것은 좋음을 뜻하는 'eu'와 영혼을 뜻하는 'daimon'의 합성어다. 즉 어떤 완전함의 경지에 도달한 상태가 에우다이모니아다. 에우다이모니아는 기분으로 느끼는 행복과 다르다. 예를 들어 술을 좋아하는 사람은 술을 마시면 행복해질 것이고 여행을 좋아하는 사람은 여행지에서 큰 만족을 느끼겠지만, 그것은 아리스토텔레스가 말하는 행복이 아니다. 행복은 갈고닦아서 완성하는 것이다. 아리스토텔레스의 윤리학이 덕의 윤리학으로 불리는 것도 완전함의 상태인 행복에 도달하기 위해 자신의 탁월성을 갈고닦아야 한다고 말하기 때문이다. 행복이란 완전한 탁월성을 따르는 영혼의 활동 상태를 말한다. 그리고 이런 충만한 상태가 가장 좋은 것이며 선이다.

아리스토텔레스는 우리가 보통 행복의 중요한 요소라고 생각하지만 행복과 상관이 없는 세 가지 요소를 구별한다. 바로 쾌락, 명예, 돈이다. 이 구분은 주목할 필요가 있는데 자아를 변화시키기 위해 우리가 가져야 할 가치관에 대한 판단에서 참조할 만하기 때문이다. 소크라테스가 《알키비아데스》에서 진정한 자기 돌봄은 육체가 아니라 혼의 돌봄이어야 한다고 말한 것처럼 아리스토텔레스도 참된 행복과 사이비 행복을 구분한다. 먼저 통념적으로 쾌락을 행복으로 생각하지만 그것은 행복이 아니다. 아리스토텔레스에 따르면 쾌락에 빠지다 보면 결국 욕망의 노예가 된다. 쾌락은 한번 맛보면 점점 더 자극적인 것을 요구하는 내성이 생기기 마련이다. 처음에 경험한 자극이 반복될수록 그 강도가 점점 약하게 느껴지는 것이다. 그러다 보면 점점 더 강렬한 쾌락을 탐닉하게 되며 쾌락에 매달리게 된다.

명예도 행복이 아니다. 아리스토텔레스는 특히 교양

을 닦은 사람들과 정치인들이 명예를 좋아한다고 말한다. 그러나 이것이 행복이 아닌 것은 명예가 내 것이 아니라 그것을 주는 사람에게 달려 있기 때문이다. 진정한 행복은 자신의 내면에서 와야 하고 쉽게 박탈이 불가능해야 한다. 그런데 명예는 그것을 인정하고 주는 사람이 더 결정적이며 가변적이기 때문에 행복이 될 수 없다.

돈 역시 행복이 아니다. 돈을 버는 삶은 강제된 삶이며, 돈은 수단에 불과하기 때문이다. 행복은 그 자체가 목적인 반면 돈은 다른 목적을 위해서만 그 유용성이 생긴다. 따라서 돈은 수단이어야 하는데, 돈을 벌다 보면 돈에 더 집착하고 돈 자체가 목적이 된다. 하지만 돈 그 자체는 아무것도 아니며, 돈은 사용할 때 비로소 효용성이 생긴다. 그리고 무엇보다 돈이 행복과 거리가 먼 것은 돈을 벌기 위해 힘을 쏟다 보면 그 활동에 매이게 되고 더 소중한 것을 희생하기 마련이다. 돈을 벌면 벌수록 점점 더 돈에 대한 욕심이 커지기 때문이다.

아리스토텔레스는 사이비 행복을 비판하면서 진정한 행복은 그 자체로 자족적인 것이고, 결핍도 없고 다른 가치가 부가된다고 더 커지지도 않는다고 말한다. 그런 행복의 상태에 도달하기 위해서는 자신이 가진 고유한 장점을 발굴해 이를 더 발달시키는 게 필요하다. 아리스토텔레스는 행복에서 각자가 자신의 덕을 발전시키는 성취 가능성을 중요하게 생각한다. 덕(virtue 또는 excellence)이란 개인에 속하며 행복에 직결된다. 예컨대 본인이 요리에 소질이 있다면(요리의 덕) 요리사 직업을 선택해 최고 셰프의 경지에 오를 때 비로소 행복할 수 있을 것이다. 이 상태가 에우다이모니아다. 그런데 만약 부모가 강요한다고 이 사람이 요리사의 꿈을 접고 사법 고시나 의사 고시에 매달린다고 해보자. 일단 본인의 적성이 안 맞아 준비하기도 힘들 뿐 아니라 공부에 대한 의욕이 제대로 생기지 않을 것이다. 그리고 설사 고시에 합격했다고 하더라도 그것은 부모나 주변에서 원한 것이지 본인이 원한 것은 아니기에 행복하기는 어렵다.

이처럼 바른 가치관의 문제는 결국 나에게 맞고 나를 실현할 수 있는 내 덕의 발견과 연결될 수밖에 없다. 인본주의 심리학자 칼 로저스는 자신의 감정에 솔직하고, 자신에 대한 긍정적인 존중이 자아 성장의 동력이라고 주장하기도 하였다. 자아를 긍정적 방향으로 변화시키고 자아실현을 달성하기 위해서는 가치관을 제대로 정립해야 한다. 그 가치관의 정립은 본인의 소질과 적성에 맞게 본인을 발견하는 것과 맞물릴 수밖에 없다. 아리스토텔레스의 윤리학이 가르쳐주는 것은 추상적인 행복이 아니라 나의 행복이다. 그리고 그것을 위해 자신의 탁월성을 발견하고, 그것을 통해 진정한 행복의 경지에 도달하라는 것이다.

자아와 관계

지금까지 나는 누구인지, 자아의 본질과 여러 속성, 그리고 자아를 대하는 태도의 여러 문제점에 대해 살펴보았다. 그렇다면 이 까다롭고 알기도 어려운 자아를 어떻게 다룰 것인가? 자아가 거울에 투영된 신체 이미지에 대한 상상적 동일시를 통해 만들어졌다고 해도 자아는 내 정체성의 핵심을 이루는 부분임에는 변함이 없다. 그리고 자아가 우리를 속이는 기만적 속성이 있다고 해서 자아를 벗어던질 수는 없다. 그렇다면 자아를 어떻게 할 것인가?

참된 앎의 필요성

요즘에는 좀 잦아들었지만 한때 웰빙, 치유, 자기 계발, 자존감 같은 단어가 폭발적인 인기를 끌었다. 이런 단어가 최종적으로 지향하는 공통의 목표는 행복이다. 인간은 누구나 행복하기를 바란다. 그런데 우리나라 사람들은 행복에서 주로 물질적 기준이나 남과 비교 가능한 지표를 많이 추구한다.* 체면을 중시하고 정치적인 입신양명을 강조하는 유교적 가치관도 영향을 끼쳤지만, 상생이나 동반

---

* 2011년 KBS에서 방영된 〈행복해지는 법〉 2편 '행복의 비밀코드'에서 시행한 설문조사에서는 한국인들은 행복하기 위해 필요한 것으로 40.6퍼센트가 돈, 28.4퍼센트는 건강, 20.3퍼센트는 화목한 가족을 꼽았다.

성장보다는 경쟁과 생존 경쟁에 진력하면서 재벌 위주로 경제를 운영하는 효율 중심 자본주의 문화도 크게 일조했을 것이다. 그렇다면 물질적 행복, 풍요로움, 건강이 정말 행복의 조건이고, 자기 계발이 성공을 위한 제일의 실천 덕목인가?

우리나라 사람들처럼 고대 그리스 사람들도 행복을 인생의 목표로 삼았다. 그리고 행복에 도달하기 위해 '자기 돌봄self-care'을 교육과 시민적 덕성의 중요한 항목으로 삼았다. 그리스 사람들은 물질적이고 눈에 보이는 가치보다는, 자기가 가진 고유한 품성의 실현을 행복에서 중시했으며 정신적 미덕의 중요성을 강조한 것이다. 또 행복은 저절로 주어지지 않고 바른 앎과 실천을 통해 가능하다고 생각했다. 그리스의 이러한 인문주의 전통을 대변하는 것이 소크라테스, 플라톤, 아리스토텔레스 같은 철학자들의 사상이다.

'너 자신을 알라'를 실천적인 삶의 모토로 제시한 소크라테스는 일찍부터 참된 앎과 돌봄을 통해 행복에 도달할 수 있고 최고의 힘도 가질 수 있다고 가르쳤다. 소크라테스는 실용적 지식으로 무장하기보다 자기를 제대로 알고 혼을 돌보는 것이 훨씬 중요하다고 했다. 이런 사상이 잘 드러난 대화편이 바로 《알키비아데스》다. 여기서 소크라테스는 '너 자신을 알라'를 '돌봄epimeleia'이라는 행동과 연결한다. 이 대화편의 주인공은 소크라테스와 알키비아데스다. 정치가로 성공하려는 야심을 지닌 청년 알키비아데스를 아낀 소크라테스는 정치를 잘하고 힘을 가지기 위해서는 먼저 자신을 알아야 하고 자기 돌봄을 실천해야 한다고 주장한다. 자기 인식과 돌봄이 바로 《알키비아데스》의 주제다.

알키비아데스가 누구인가? 그는 아테네 장군이었던 클레이니아스의 아들로 최고 명문가의 후손이다. 아버지가 전사하자 당대의 대 정치가 페리클레스의 양육과 후견으로 성장하였으며 최고의 교육을 받았다. 오늘날로 말하면 '금수저'를 물고 태어난 사람이다. 게다가 외모가 출중하고 운동도 잘하여 많은 그리스인들의 사랑과 부러움을 받았다. 그런 그가 그리스에서 최고로 지혜롭다는 신탁을 받은 소크라테스와도 '특별한 관계'*를 맺었다. 그러나 소크라테스의 특별한 사랑을 받고 많은 가르침을 받았음에도 그는 가르침을 내면화하지 못하고 정치적 공명심만을 위해 살다 비참하게 일생을 마감한다. 진정한 자기 돌봄이

---

*　당시 그리스의 풍습이기도 했던 동성애를 가리키는 것으로 나이 든 사람이 소년을 보호해주고 돌봐주며 후견인처럼 이끌어주는 관계다. 피후견인이 스무 살이 넘으면 더 이상 지속되지 않았다. 소크라테스는 포티다이아 전투에 알키비아데스와 함께 참전해 위기에 빠진 그의 생명을 지켜주기도 했다고 한다.

나 지혜의 실천을 외면했기 때문이다. 《알키비아데스》는 알키비아데스뿐 아니라 큰 야망과 성공을 바라는 모든 젊은이들을 위한 가르침이기도 하다. 소크라테스가 《알키비아데스》에서 가장 시급하게 일깨워주려는 것은 자신에 대한 앎의 중요성이다. 자기를 잘 알아야 다른 사람을 앞서는 힘을 가질 수 있기 때문이다.

> 속 편한 친구, 부디 나의 말과 델피에 있는 글귀를 받아들여 자네 자신을 알도록 하게. 적수는 이들이지 자네가 생각하는 자들이 아니니 말일세. 돌봄과 기술(앎)이 아니라면, 다른 그 무엇으로도 그들을 능가할 수 없을 걸세.

《알키비아데스》에서 소크라테스는 정치를 잘하기 위해서는 자신을 잘 돌봐야 하고 자신이 가진 덕을 함양할 필요가 있다고 강조한다. 동양의 '수신제가치국평천하修身齊家治國平天下'와 비슷하다. 그런데 소크라테스는 동양과 달리 자신을 갈고닦기 전에 자신이 지닌 고유한 품성이자 탁월성인 덕arete을 잘 파악하라고 주장한다. 인간은 덕이 무엇인가를 알 때 그것을 실천할 수 있으며, 덕에 대한 무지가 모든 악의 근본 원인이라는 것이다. 물론 무지한 상태에서 살 수는 있지만 자신을 잘 알지 못하면 잘못된 행동을 하고 방황할 수 있다는 것이 소크라테스의 가르침이다.*

여기서 소크라테스가 말하는 앎은 사변적이고 추상적인 앎이 아니라 실천을 동반하여 변화를 가져올 수 있는 그런 앎이다. 진짜 무언가를 알고 있다면 그것을 실천할 수밖에 없기 때문이다. 예를 들어 '담배가 해롭다'라는 것을 진짜 아는 사람은 절대 담배를 피우지 않을 것이다. 잘못된 습관으로 담배를 시작했어도 담배의 해로움을 깨달으면 금연을 실천할 것이다. 흡연자가 담배를 끊지 못하는 것은 담배가 몸에 좋지 않다는 것을 관념적으로만 알고 있기 때문이다. 먼저 제대로 알아야 실천이 가능하다고 소크라테스가 말하는 이유다. 알아야 실천하고, 실천을 해야 변화가 생긴다. 앎과 실천이 긴밀히 연결되어 있다는 실천적 태도는 그리스 전통이기도 했다.

가장 중요하지만 또 가장 어려운 앎이 바로 자신을 아는 것이다. 앞서 살펴본 것처럼 자아는 자기기만과 합리화를 하고 방어 작용도 하고 있어 나의 참모습을 제대로 알기가 쉽지 않다. 사업이나 과제에서 실패하는 사람들도 자신의 능력을 과신하거나 근거 없이 낙관론을 가지는 경

---

*   소크라테스는 "누군가 무언가를 알지 못할 때면, 그것에 관해 그의 혼은 어쩔 수 없이 헤매게 될 수밖에 없다."고 말한다.

우가 많기 때문이다. 그러므로 앎에서 중요한 것은 소크라테스가 했듯 자신이 아무것도 알지 못한다고 인정하면서 기존의 선입견이나 잘못된 지식을 철저하게 깨뜨리는 일이다. 이런 깨달음을 일찍 가질수록 좋다. 좀 더 어릴 때에는 새로운 환경에 적응하거나 새로운 지식을 수용하고 자신을 변화시키기가 한결 수월하기 때문이다. 배우지 않고 성장하면 관성에 젖는다.

　　그러나 자신을 아는 것은 성장 과정의 통과의례처럼 일회로 그쳐서는 안 되고, 일생 동안 끊임없이 수행해야 하는 앎이다. 오늘날 사회가 급격히 변화함에 따라 교육에서도 '평생교육lifelong education' 개념이 일반화되고 있다. 교육과 배움은 학교를 넘어 일상에 침투하고 있으며 성인기에도 발달이 이루어진다는 것이 에릭 에릭슨 같은 발달심리학자들의 주장이다. 평생교육이 중요해짐에 따라 자기에 대한 앎도 중요해진다. 그런데 자신에 대한 앎은 단순히 자신의 정체성뿐 아니라 자신이 앞으로 다듬어야 할 덕성이나 해야 할 일 등 모든 것을 아우른다. 그리고 나에게 무엇이 필요하고, 좋은지도 알아야 한다. 그래야 자신을 제대로 돌볼 수 있다. 소크라테스는 부분적 지식만 가진 것이 아니라 전체적으로 알 필요가 있고, 성찰을 통해 단순한 지식이 아니라 참된 지혜를 깨달아야 한다고 강조한다. 부분적인 지식은 우리에게 오히려 해가 될 수도 있

장 바티스트 레뇨, 〈쾌락의 품에서 알키비아데스를
끌어내는 소크라테스〉(1785) 부분

진정한 자기 돌봄은 육체가 아니라 혼의 돌봄이다

소크라테스는 군사와 정치에 재능이 뛰어난 알키비아데스가 육체적 쾌락
에 탐닉하는 것이 못마땅했다. 이는 육체가 아닌 혼에 인간의 본질이 존재
한다며 육체적 쾌락보다 정신적인 깨달음을 추구했던 소크라테스의 철학
과 직결된다. 잔뜩 화가 난 소크라테스는 투구도 검도 내팽개치고 쾌락을
탐하던 알키비아데스를 끌어내고 있다.

기 때문이다.[*]

그러므로 전체적이고 참된 앎을 가지기 위해서는 체계적으로 훈련하고 방법을 배워야 한다. 《방법서설》에서 데카르트는 확실한 지식에 도달하기 위해 자신이 아는 모든 것을 부정하고 의심하는 이른바 '방법적 회의'를 주장한다. 의식적인 의심과 체계적인 회의를 거쳐 더 이상 부정할 수 없는 확실한 것이 남을 때 이를 진리의 출발점으로 삼아 더 확장된 지식을 끌어내야 한다고 주장한다. 데카르트의 의심은 의심을 위한 의심이 아니라 참된 진리에 도달하기 위한 방법론으로, 창조적이면서 비판적인 사고의 전형이다. 데카르트처럼 우리도 나 자신에 대해 근본적으로 탐구할 필요가 있다. 소크라테스가 참된 지혜를 얻기 위해 '무지의 지'를 주장한 것처럼. 그리고 자신에 대해 아는 것은 체계적인 훈련과 방법을 통해 이루어져야 한다. 아는 것, 앎의 필요성을 느끼는 것은 우리를 돌보기 위한 첫 발걸음이다.

[*] 소크라테스는 알키비아데스에게 만약 잘못된 생각으로 누군가를 죽이려 할 때는 자기가 죽일 사람을 바로 알아보는 지식이나 사람을 죽일 수 있는 숙련된 기술이 오히려 해가 되며 차라리 무지한 게 좋다는 비유를 든다.

돌봄의 대상

자기를 알아야 하는 이유는 결국 자기를 잘 돌보고 완성하기 위해서다. 자기 돌봄이라고 하면 대체로 건강관리나 미용처럼 육체적인 것을 생각하거나 정서적 안정 또는 정신 건강을 생각하기 쉽다. 특히 우리나라 사람들은 외모에 대한 관심과 고민이 많고, 옷차림이나 차, 집, 명품 같은 자신의 기호와 신분을 보여주는 것에 많은 관심을 쏟기에 더욱 그렇다. 유행에 민감하고 세련된 것을 좋아하는 소비문화가 돌봄을 물질적 투자와 동일시하는 경향을 조장한다. 한마디로 자기의 내면이 아니라 외면을, 개성을 가진 내가 아니라 남들이 보는 나에 더 마음을 쓰면서 자기 돌봄을 관리 개념으로 생각한다. 그런데 소크라테스는 육체를 돌보지 말고 자신의 혼psyche*을 소중히 여겨야 한다고 말한다. 신체에 마음을 쓰고 돌보는 것은 돌봄의 본질이 아니라 기껏 자신에게 속한 것을 보살피는 것이기 때문이다. 혼이란 종교에서 말하는 영혼이 아니라 그 사람을 그 사람으로 만들어주는 본질이다. 혼에는 그 사람의 인

---

* 플라톤은 혼의 세 영역을 구분한다. 혼은 지성nous, 정신, 기개 thumos, 욕구epithymia로 나뉘는데 지성의 훌륭함arete은 지혜sopia, 기개의 훌륭함은 용기andreia, 욕구의 훌륭함은 절제 sophrosyne라 한다. 그리고 이 셋이 조화를 이루는 상태가 정의 dikaiosyne다.

격, 성품, 소질, 지식과 지혜 같은 타고난 것뿐 아니라 살면서 갈고닦아 그 사람을 자기 자신으로 만들어주는 본질적인 것이 다 포함된다.

플라톤은 사물의 본질을 질료가 아니라 형상으로 보았는데, 사람의 혼도 육체에 속한 것을 지배하는 불멸하는 형상 이데아에 속한다. 혼을 돌보라는 것은 겉이 아니라 내면과 내 본질을 가꾸라는 말과 같다. 소크라테스는 《알키비아데스》에서 다른 사람들이 알키비아데스의 준수한 용모와 육체에 속하는 것을 사랑한다면 자신은 알키비아데스의 혼을 사랑한다고 말한다. 육체를 사랑하는 사람은 그 사람의 본질이 아니라 단지 그 사람에 속한 한 부분을 사랑하는 것이다. 그리고 그런 사랑은 육체가 쇠퇴하면 식지만 혼을 사랑하는 사람은 그 사람 곁에 계속해서 남을 수 있다.* 소크라테스는 이런 식으로 에로스, 즉 사랑이 지향해야 할 순수성에 대해서도 암시한다. 육체가 아니라 혼을 돌보라는 말은 오늘날 우리가 어떻게 살고 무엇을 돌봐야 할 것인가에 대해서도 많은 것을 생각하게 해준다.

---

* 당시 그리스의 동성애 풍습에서는 소년이 스무 살이 넘으면 관계가 종료되었는데, 소크라테스는 알키비아데스가 스무 살이 넘어도 그를 떠나지 않겠다고 말했다. 소크라테스는 다른 그리스 사람들처럼 풍습에 따른 동성애의 대상으로 알키비아데스를 대한 것이 아니라 그와 진정한 영혼의 교류를 원했기 때문이다.

현대인이 육체에 대해 지나칠 정도로 집착하는 것은 구조적인 행동이다. 《소비의 사회》에서 장 보드리야르는 오늘날 육체가 최고의 상품이자 투자 대상이 되었다고 분석한다. 현대인에게 육체는 자신의 사회적 지위를 표시하고 과시할 수 있는 하나의 자산처럼 관리되고 있으며, 구원의 대상이 되었다. 상품의 논리가 육체까지 지배하기 때문이다. 거의 모든 광고나 대중문화에 육체가 범람하고 현대인들은 그 어느 때보다 우월하고 특별한 대상으로 몸을 바라본다. 그러나 이것은 건강에 대한 관심이나 존재의 기반으로서 몸을 바라보는 주체적 태도가 아니다. 단지 몸의 형태와 과시에 대한 집착으로 육체를 사물처럼 대하는 물신주의의 반영이다. 몸에 대한 집착과 투자는 아름다움과 날씬함에 대한 강박관념으로 변질되었고, 성형과 미용 관련 의료 사업이 건강의 본질처럼 번창하고 있다. 우리나라 사람들의 몸매 관리와 헬스 열풍, 성형수술의 도움을 받아서라도 아름다워지려는 욕망을 보면 보드리야르가 말한 육체의 소비가 잘 이해된다. 한국은 이미 성형 분야에서 세계 최고의 경쟁력을 갖춘 국가 중 하나가 되었으며, 2015년 통계에 따르면 성형수술 건수가 세계에서 세 번째로 많다.[*]

[*]   ISAPS(International Society of Aesthetic Plastic Surgery),
      「ISAPS International Survey on Aesthetic/Cosmetic Procedures
      Performed in 2015」, 2016.

육체를 내 존재의 핵심처럼 생각하고 과시하기 위한 집착은 진정한 돌봄과는 거리가 멀다. 육체에 대한 강박적 사고는 오히려 현대 대중문화가 조장하는 루키즘lookism에 대한 맹목적 순응이며, 존재의 소외다. 그렇다면 어떻게 돌봄을 실천해야 할까? 미셸 푸코는 소크라테스가 말한 돌봄의 의미를 '자기 배려'로 정의하면서 그 의미를 새롭게 부각한 현대 철학자다. '자기 배려'는 위에서 말한 '자기 돌봄'과 통하는 실천이다. 푸코에 따르면 자기 배려는 주체성의 회복과 연관이 있으며, 자기를 삶의 주체로 정립하는 윤리적 태도로서 아주 중요하다. 자기 배려가 겨냥해야 할 대상은 내 육체나 아름다움 같은 육체적 속성, 혹은 내가 소유한 재물이나 부가 아니다. 소크라테스가 말한 것처럼 나의 내면이 배려의 대상이 되어야 한다. 육체나 육체에 속한 것들은 가변 대상이기 때문에 나의 본질을 이룰 수 없고, 배려의 대상도 될 수 없다. 진정으로 배려하고 돌봐야 하는 것은 나의 주체적인 부분이어야 한다. 결국 자기 배려란 자신에게 관심을 기울이고 자기 자신에게 몰두함으로써 자신을 혼란스럽게 하는 것으로부터 벗어나 주체성을 회복하는 노력이다. 푸코는 권력이나 사회가 구성하는 틀에 맞게 제시된 주체성을 수용하기보다는 개인이 자신을 윤리적 주체로 인식하고 구성하는 실천 과정이 중요하다는 점을 말하기 위해 자기 배려를 강조했다.

결국 자기 배려와 돌봄을 잘하기 위해서는 나의 진정한 정체성이 무엇인지 잘 알아야 하고, 그것은 우연히 내게 속하게 된 가변 속성이나 대상이 아니라 진짜 나를 이루는 부분을 찾아야 한다. 그리고 나의 존재를 회복하며, 개성을 실현하기 위한 노력이 중요하다. 모든 사람에게는 개성과 저마다의 소질이 있고, 자기에게 맞는 고유한 가치가 있다. 천편일률적으로 미디어가 제시하는 유행을 좇고 연예인을 우상으로 삼아 이들처럼 가꾸는 것은 소외된 삶의 또 다른 모습이다.

자아실현과 자존감

인본주의 심리학자들은 자아실현의 중요성을 강조한다. 이들은 인간은 능동적으로 자기를 실현해나가면서 행복을 추구하는 존재라고 생각한다. 자아실현이 가능한 것은 자아가 변화의 대상이 될 수 있기 때문이다. 심리학자 헤이즐 마커스는 미래에 어떤 종류의 사람이 될 것인지에 관한 개인의 욕망과 신념을 일컬어 '가능한 자기 possible selves'라고 불렀다. 가능한 자기가 있기 때문에 우리는 삶의 목표를 정할 수 있고, 의욕을 가지고 자기를 발전시켜나가려고 한다. 만약 자아가 고정된 것이면 삶은 정말 무미건조할 것이다. 늘 똑같은 자아가 똑같은 삶을 살

것이기 때문이다. 그러나 다행히 인간은 끊임없이 변하고, 늘 어떤 도전을 하며 산다. 이것의 원동력이 바로 자기 개념이라고 인본주의 심리학자들은 주장한다.

특히 동기가 강한 사람일수록 끊임없이 자기를 변화시키려고 한다. 이렇게 인간을 행동하게 하고, 변하게 만드는 힘이 욕구와 욕망이다. 그런데 여러 욕구들 가운데 결국 자아실현 욕구가 모든 것의 정점에서 나머지 욕구들을 이끈다. 인본주의 심리학자 아브라함 매슬로는 인간의 욕구로부터 변화의 동인을 찾으면서 욕구를 위계적으로 설명한 사람으로 유명하다. 그는 인간에게 생리적 욕구, 안전 욕구, 소속감과 사랑에 대한 욕구, 존중감 욕구, 그리고 마지막 정점에 자아실현 욕구가 있다고 주장했다. 매슬로는 이런 욕구들이 피라미드처럼 위계를 이루고 있으며 하위 단계의 욕구가 충족되어야 그 다음 단계의 욕구가 생긴다고 주장했다.

영화 〈캐스트 어웨이〉(2000)는 비행기 사고로 무인도에 표류해서 생존하는 사람의 모험담이다. 이 영화를 보면 매슬로의 욕구 위계론이 정말 잘 들어맞는다는 느낌이 든다. 일분일초를 허비하지 않고 바쁘게 일만을 위해 살던 척 놀랜드는 급한 출장길에 비행기가 추락하여 구사일생으로 무인도에 표류한다. 영화는 척의 무인도 생존기다. 척은 섬을 돌아다니며 마실 물과 먹을 것을 찾고, 덤불과

나무를 엮어 집을 만들면서 생리적 욕구와 안전 욕구를 충족해나간다. 일단 주린 배가 채워지고 추위로부터 몸을 보호할 수 있게 되자 새로운 삶의 희망이 생긴다. 그렇게 혼자 고독한 시간을 보내던 척은 떠내려온 배구공에 사람 얼굴 모양을 그리고, 윌슨이라는 이름을 붙여준다. 비록 배구공이지만 척에게는 윌슨이 유일한 친구이자 말동무다. 그동안 말을 잊고 살다 이제는 윌슨에게 하루 일과도 이야기하고 감정도 표현하면서 척은 정서적으로 안정을 찾는다. 이 장면을 보면 인간은 먹을 것과 주거만으로 살 수 없으며, 누군가와 어울리고 그와 교감을 나누고 싶은 사회적 욕구 역시 중요하다는 것을 알 수 있다. 척은 오랜 시간이 지나자 어떻게든 섬을 탈출해 고향으로 돌아가려고 한다. 섬에서는 문자 그대로 생존을 하는 것이지, 인간다운 삶이나 자아실현이 불가능하기 때문이다. 마침내 척은 뗏목을 만들어 섬을 벗어나 그리운 집으로 돌아온다.

〈캐스트 어웨이〉는 무인도 생존기를 실감 나게 그리면서 매슬로가 주장한 욕구 위계론을 설득력 있게 보여준다. 생존의 위협이 해결되면 외로움을 나눌 누군가를 찾게 되고, 관계를 통해 정서적으로도 안정되면 자신의 본래의 삶의 목표를 위해 더 나아가는 것이 인간이다. 매슬로가 주장했듯이 인간에게 최고의 욕구는 잠재력을 실현해서 행복에 도달하려는 욕구라 할 수 있다.

자존감과 자기 효능감도 자아실현을 위해 중요하다. 자존감이란 자신의 가치에 대해 긍정적으로 생각하는 마음이자 이 긍정성을 타인과 세상에 투사하는 적극적 심리로, 방어적인 자존심과는 성격이 다르다. 예를 들어 자존심이 강한 사람은 자신에 대한 비판에 화를 내지만 자존감이 강한 사람은 그것을 수용할 수 있다. 자신에 대한 믿음이 있기 때문이다. 심리학 연구에 따르면 높은 자존감은 자기에게 대체로 이익을 안겨준다. 자존감이 높은 사람은 자신에게 긍정적인 것처럼 대체로 타인에게도 긍정적이며 타인을 쉽게 수용하기 때문이다. EBS에서는 2011년 다큐멘터리 〈아이의 사생활〉 제3부 '자아 존중감' 편을 통해 초등학교 학생들을 대상으로 자존감이 아동의 행동에 미치는 영향에 대해 실험을 했다. 자존감이 높은 아이들은 신체 만족도, 리더십, 자아상, 타인에 대한 공감 능력, 성취도에서 높은 점수를 보여주었다. 반대로 자존감이 낮은 아이들은 게임 같은 것을 하며 혼자 노는 경우가 많고, 도전 정신이나 성취 의욕도 낮으며 소극적 성격이 많았다. 왜 이런 일이 벌어질까? 자존감이 낮은 사람은 일반적으로 자신에 대해 부정적이기 때문에 성공에 대한 확신도 적고 목표에 대한 자신감이 떨어지는 경우가 많다. 또 불안, 안절부절못함, 불행감 같은 정신적 문제로 고통을 받는 경우도 많고, 자신을 방어하기 위해 타인을 깎아내리는 경향도 많

영화 〈캐스트 어웨이〉(2000) 중에서

매슬로 욕구 이론 3단계, 사회적 욕구

무인도에서 주거가 어느 정도 안정된 척은 대화할 상대가 없어 외로움을 느끼게 된다. 그러던 차에 배구공이 하나 떠내려오는데. 불을 지피다 손이 다쳐서 치밀어 오른 짜증에 배구공을 집어던지고 보니 배구공에 묻은 핏자국이 마치 사람의 얼굴 같았다. 척은 배구공에 윌슨이란 이름을 붙인 뒤 친구 삼아 말을 건네며 4년의 시간 동안 정을 쌓아, 섬에서 탈출할 때에도 함께한다.

다.* 자존감이 낮은 사람은 부정적 방식으로 자기를 지키기 때문이다. 그래서 요즘 교육계에서는 아이의 자존감 향상을 중요한 과제로 생각한다. 그런데 자존감이 공허하지 않기 위해서는 자기 효능감이 우선 필요하다.

자기 효능감은 앨버트 밴듀라가 제시한 것으로, 특정한 분야에서 자신이 좋은 능력을 발휘할 수 있다는 신념으로서 자존감보다는 구체적 과제에 국한된 신념이다.** 자기 효능감은 자기 계발에서 중요한 역할을 한다. 어떤 구체적 상황에서 목표를 세우고 일을 추진하는 데 효과를 발휘할 수 있기 때문이다. 예를 들어 축구에 큰 재능이 있는 아이가 있다고 해보자. 이 아이는 축구를 통해 자기 능력을 발휘할 수 있고 성공할 수 있다는 자기 효능감이 클 것이기에 주변에서 축구 재능을 살릴 수 있도록 도와주면 자아실현을 할 수 있다. 최근에는 다중 지능 이론이 널리 받아들여지고, 소질과 적성에 맞는 교육도 강조되기에 자기 효능감을 발달시키는 것이 중요하다. 자기 효능감은 자존감과 다르지만 그것의 실질적 토대가 된다.

위에서 살펴본 자아실현 욕구, 자존감, 자기 효능감

---

* 웨인 웨이튼, 《생활과 심리학》, 김정희 옮김, 시그마프레스, 2009 참조.

** 김현택·현성용, 앞의 책 참조.

은 자아에 긍정적 가치를 부여하고, 성취감을 높여 자아를 발달시키는 데 많은 도움을 줄 수 있다. 건강한 자아를 갖게 되면 확실히 행복에 더 가까워진다. 그러나 덮어놓고 자존감 향상이나 자아실현만을 강조하다 보면 자칫 이상적인 것만 부풀리면서 현실에서 더 큰 좌절을 가져다줄 수 있다. 긍정 심리학의 문제점은 자아의 부정적 측면을 너무 가볍게 대한다는 것이다. 또 현실적 능력이나 한계를 무시하고 가능한 자기나 부풀려진 과대한 자아를 주입하면서 그릇된 길로 자아를 유도할 수도 있다. 부모에게 과장된 자아를 주입받은 아이들이 학교에 들어가 자기 능력의 한계를 깨닫게 되면, 그 좌절과 충격은 엄청나게 클 수밖에 없다. 그렇기 때문에 무조건 칭찬하고 자존감을 고무해주는 것은 독이 된다. 자아의 긍정성을 무조건 강조하기보다는 강요된 욕망에 속지 않도록 주의하면서 자신의 욕망을 회복할 수 있도록 도와주는 것이 필요하다. 진정한 자아실현을 위해서는 결국 나의 욕망을 잘 찾아야 하며, 타자로부터 온 거짓 욕망에 속지 말아야 한다.

내 욕망의 주인이 되어야 한다

인간은 욕망의 존재다. 동물도 욕구를 갖지만 인간처럼 욕망하지는 않는다. 동물은 자연이 부여한 자연선택이라는 적응 시스템이 지시하는 대로 움직이며, 생존에 합당한 만큼만 요구한다. 그러나 인간의 욕망은 그 끝이 없고, 대상도 천차만별이다. 그렇기 때문에 프로이트가 창시한 정신분석학은 욕망을 인간다움의 가장 핵심적인 요소라고 강조한다. 인간의 욕망은 타자의 인정 추구, 욕망 자체에 대한 욕망, 만족의 불가능성 같은 여러 복합 요소를 포함하기 때문에 인간만의 고유한 행동 양식이기도 하다. 스피노자는 욕망이 인간의 본질이라고 주장했다. 욕망 때문에 인간은 더 많이 향유하기 위해 생산을 하고, 사회를 만들며, 끊임없이 자신의 흔적을 세계에 각인해나갔다. 문명도 욕망의 산물이며, 욕망 때문에 피비린내 나는 전쟁도 불사한다.

　　욕망은 자연적일까? 욕망은 본능에서 시작되지만 본능으로 환원되지 않으며, 문화로 색깔이 입혀지면서 시대와 문화에 따라, 그리고 개인별로 다양한 양상으로 전개된다. 욕망은 어떤 결핍을 채우기 위해 특정 대상을 향해 발동되기도 하지만, 때로는 대상이 없거나 자신이 무엇을 욕망하는지도 모른 채 욕망하기도 한다. 그렇다면 왜 이렇게 인간의 욕망은 복잡할까? 윌리엄 어빈은 《욕망의 발견》에서 욕망이 애초에 육체적인 필요에서 비롯되었고, 그것을 충족하려는 생물학적 보상 시스템 때문에 강화되었다고 설명한다. 어빈의 입장은 욕망을 생존경쟁과 적응이라는 자연적 기제에 따라 설명하는 진화 심리학과 통한다. 하지만 생물학적 보상 시스템만으로 인간 욕망의 특성을 제대로 설명하기 힘들다. 인간 욕망의 다차원성은 이미 생물학을 넘어선다. 예를 들어 돌아가신 어머니가 해주는 밥맛을 잊지 못하고 그것을 그리워하는 것이 인간의 욕망이다. 다른 어떤 요리도 향수 섞인 그 음식을 대체할 수 없다. 동물은 이런 식으로 어떤 대상에 집착하지는 않는다.

인간의 욕망은 언어로 매개되기 때문에 복잡해진다. 욕망의 이론가로 알려진 라캉은 인간이 말하는 존재이며, 그렇기 때문에 욕망한다고 강조한다. 욕망은 언어로 시작되고 언어가 제한하기 때문에 본능과 아주 다르다. 이것을 설명하기 위해 라캉은 욕구needs, 요구demand, 욕망desire을 구분한다.[*]

원래 인간에게는 생물학적 필요성 때문에 생기는 욕구가 있다. 욕구는 유기체인 인간의 조건에서 비롯되는 것으로, 생명 유지를 위해 필요한 식욕, 수면욕, 성욕이 있다. 목마름 같은 결핍이 발생하면 우리 몸은 긴장을 느끼며, 이 상태는 대상을 통해 해소될 때까지 계속된다. 욕구의 특징은 대상이 제한적이며 충족될 수 있다는 것이다. 하지

[*] 욕구, 요구, 욕망의 구분에 대해서는 딜런 에반스의 《라캉 정신분석 사전》(김종주 옮김, 인간사랑, 1998) 중 각각 270쪽(요구), 273쪽(욕구), 278쪽(욕망)을 참조하라.

만 인간은 욕구 충족을 경험할 때조차 쾌락의 기억을 축적하고, 욕구가 되풀이될 때 축적된 기억 흔적이 함께 작동하면서 더 커진다. 예를 들어 어떤 사람이 어린 시절 처음으로 초콜릿을 먹고 엄청난 만족감을 느꼈다면 다음에도 이 초콜릿을 먹으려고 한다. 그런데 많은 시간이 지나 다시 같은 초콜릿을 먹으면 처음과 같은 맛이 느껴지지 않는다. 최초 만족의 기억이 주체가 만든 환상처럼 작용하기 때문이다. 도루묵 일화는 이것을 잘 보여준다. 선조가 임진왜란 때 먹은 묵이라는 생선이 너무 맛있어 은어라고 이름을 붙였는데, 전쟁이 끝난 후 은어의 맛이 생각난 선조가 그것을 다시 먹었지만 피란길에 본 맛과 너무 달라 도로 묵, 그러니까 도루묵으로 하라고 했다는 일화다. 이처럼 욕구의 충족에서도 인간은 표상에 의존한다.

요구는 욕구를 언어로 표현한 것이다. 인간은 욕구를 타자의 도움을 받아 해소할 수밖에 없는 처지에 놓여 있다. 젖먹이 시절부터 인간은 배고픔을 타자에게 인정받아야 생존이 가능하기에, 생존의 조건을 위해 언어를 배운다. 그렇게 인간은 욕구를 요구로 전환하는데 요구는 타자의 인정과 개입을 필요로 한다. 하지만 욕구가 요구로 전환되면서 점점 요구가 커지고, 요구가 커지면서 점점 절대적이고 무제한의 사랑으로 발전하게 된다. 앞서 말한 것처럼 인간은 쾌락을 추구하는 가운데 최초 만족의 환상을 반복해서 갈구하기 때문이다. 하지만 어떤 어머니도 무제한의 요구를 충족해줄 수 없다. 그래서 요구가 반복될수록 욕구와 요구 간의 차이와 불일치가 점점 커진다.

세 번째 욕망은 바로 이 지점에서 시작된다. 라캉에 따르면 욕망은 요구에서 욕구를 뺀 만큼의 차이다.* 인간의 욕망은 욕구에서 출발하지만 욕구와 동일하지 않고, 욕구를 요구로 전달하는 과정에서 점점 커지는 간극과 결여에서 생긴다. 곧 욕망은 결국 다른 무엇이 아니라 언어가 만들어낸 결여 때문에 생기는 것이다. 예를 들어 사랑하는 연인들은 사랑한다고 말하지만 그 말이 자신들의 사랑을 다 표현하지 못한다고 느낀다. 그렇기 때문에 언어가 만들어낸 욕망은 절대 충족이 불가능하다. 그리고 하나의 대상이 주어지면 다른 대상으로 이동하면서 끝없이 반복되는 게 욕망의 속성이다. 언어가 작용하면서 주체의 요구와 이것에 대한 타자의 인정이 복잡하게 얽히기 때문에 인간의 욕망은 그렇게 복잡한 양상으로 나타난다. 인간은 타자의 인정을 통해 욕망을 배우기 때문에 구조적으로 타자의 욕망 자체를 욕망할 수밖에 없다.

그러나 타자의 욕망에 무작정 매달리다 보면 욕망에서 소외되기 쉽다. 또 욕망을 반복할수록 욕망이 점점 커

* 김석, 《에크리》, 살림, 2007 참조.

지면서 부질없이 대상에만 매달릴 수도 있다. 그러므로 타자의 욕망에서 길을 잃지 않아야 하며, 욕망이 처음부터 충족이 불가능한 것임을 알아야 한다. 욕망은 언어가 만들어낸 틈에서 생겨나는데 이 틈은 나의 존재가 언어화되면서 생긴 구조적 틈이다. 결국 욕망은 존재 결여 때문에 발생한다. 라캉은 이런 까닭에 욕망의 윤리를 강조하면서 거짓 욕망에 이끌리지 않아야 한다고 강조한다.

욕망은 아주 중요하지만 그것이 인간을 맹목적으로 끌고 가면 인간에게 불행을 가져온다. 욕망은 인간을 만들지만 인간을 파멸시킬 수도 있다. 불교에서는 인간이 지나치게 대상에 탐닉하는 것을 갈애渴愛라고 한다. 갈애는 자아가 매달리는 탐욕과 집착의 그릇된 욕망이다. 중생들이 겪는 모든 번뇌와 불행이 갈애 때문에 생긴다는 게 불교의 가르침이다. 그런데 갈애도 만물이 서로 연관된 채 끝없이 순환하는 것을 모르는 무지의 상태인 무명無明에서 생긴다. 무명이 갈애를 낳고, 갈애가 고통과 괴로움의 사슬로 인간을 옭아매고 있는 것이다. 그렇기에 이 악순환의 매듭을 끊고 해탈의 도에 도달해야 한다는 게 불교 사성제四聖諦*의 핵심이다. 불교는 유한자 인간이 겪는 생로병사 같은 삶의 무게조차 무명과 갈애가 빚어낸 일종의 업으로 보면서 이런 괴로움의 상태에서 벗어날 수 있는 진리를 강조한다.

불교의 가르침은 소크라테스의 자기에 대한 앎과 미

셀 푸코의 자기 배려와도 통한다. 그러나 불교가 종교로서 갈애와 무명에서 완전히 벗어나는 해탈을 주장한다면, 철학자들은 더 현실적이다. 우리는 욕망에서 벗어날 수 없고, 타자와 관계도 완전히 끊을 수 없다. 욕망이나 타자는 우리 존재를 이루는 구조적 부분이기 때문이다. 그렇다고 무조건 욕망을 좇으면서 타자의 욕망에 매여서는 안 된다. 욕망이 순수한 존재의 욕망이 되도록 만들고, 내가 내 욕망의 주인이 되는 것이 중요하다. 그리고 내 욕망의 주인이 되기 위해서는 자아의 본성에 대해 잘 알고 경계해야 한다.

---

* 사제四諦라고도 하는 불교의 가장 근본적인 교리. 불완전하고 고통스러운 현실을 바르게 보는 고제苦諦, 현실의 사물, 즉 고제의 원인이 되는 집제集諦, 번뇌를 모두 없애 해탈을 얻은 열반의 세계를 가리키는 멸제滅諦, 열반에 도달하기 위한 수행의 방법을 제시하는 도제道諦로 구성되어 있다.

나가며   진정한 나를 찾아서

2017년 1월 19일 한국프레스센터에서 열린 미국과 세계 경제·금융 전망에 관한 세미나 〈대변혁 속의 2017〉에서 미국의 저명한 경기 예측 전문가 앨런 사이나이Allen Sinai가 강연을 하면서 미국의 새 대통령 도널드 트럼프와 그의 경제정책에 대해 다음과 같이 말했다.

아마도 트럼프는 자신이 누구인지, 무엇을 하게 될 것인지 스스로도 모르고 있을 것이다. 도통 예측할 수 없는 경제 정책들이 출몰하고, 미국 역사상 가장 특이한 행정부가 될 것이다.

사이나이의 이 말은 경제 전망 분석가인 자신조차도 트럼프노믹스Trumponomics를 전망하기 어렵다는 뜻이지만, 트럼프도 자신이 누구이고 무엇을 하게 될지 모른다는 말이 참 인상적이었다. 경제 전망이 불투명한 이유가 트럼프 자신도 자신을 모르기 때문이라는 것이다. 우리는 보통 아는 것과 모르는 것이 분명하게 구분된다고 생각한다. 하지만 앎에 대해 조금만 깊이 생각해보면 트럼프처럼 자신이 무엇을 모르는지도 모르는 완전한 무지도 있고, 거꾸로 잘 모른다고 생각하지만 아는 앎도 있을 수 있다. 이것을 네 가지 경우로 나눠보자.

① 나는 나에 대해 잘 안다. (아는 앎, 제한된 지식)
② 나는 내가 모른다는 사실도 모른다. (모르는 모름,
   완전한 무지)
③ 나는 나에 대해 아는 것도 있다. (모르는 앎,
   발견된 지식)
④ 나는 내가 모른다는 사실을 안다. (모름을 앎,
   무지의 지)

첫 번째는 나르시시즘적 자기애에 빠진 사람이다. 성찰하지 않는 사람이나 자기 세계가 너무 뚜렷한 사람이 여기에 해당한다. 자기애가 가득한 사람은 자기가 믿고 자기가 판단하는 대로 세상이 움직인다고 생각한다. 또 자기 지식을 전혀 의심하지 않는다. 스핑크스의 수수께끼를 풀고 테바이의 왕이 된 오이디푸스가 전형적인 예다. 하지만 아는 앎이란 자신의 앎을 자신이 가진 지식에 제한할 때만 가능하다. 실상 우리는 모르는 것이 너무 많고 무의식까지 고려하면 우리가 나에 대해 아는 것이 많지 않거나 잘못된

것이기 때문이다. 그러므로 나의 앎에 대해 의심하지 않는다면 자아 속에 갇혀 우물 안 개구리처럼 될 수 있다. 이른바 똑똑한 바보들이다.

두 번째는 사이나이가 지적한 트럼프처럼 이리로 튈지 저리로 튈지 모르는 사람에 해당한다. 하지만 근본적으로 보면 리어 왕처럼 자신에 대해 전혀 문제를 느끼지 않는 무지의 상태에 빠진 사람들이 여기에 해당한다. 또 구조적인 메커니즘의 지배를 받아 완전히 소외되면 우리는 모른다는 사실조차 모르는 채 속을 수 있다. 조지 오웰의 소설 《1984》에서 빅 브라더가 사람들을 세뇌하는 것이 전형이다. 독재자들은 민중의 이성을 마비시켜 자신이 나중에 무엇을 모르는지 알려고도 하지 않는 무지의 바다에 빠뜨리려고 한다.

세 번째는 기억상실증자를 연상시키지만 그것은 아니다. 모르는 앎의 상태는 오히려 자신의 새로운 가능성을 발견하고, 새로운 것에 도전하는 사람에게 해당된다. 앎이란 때로 발견이기 때문이다. 자기 계발이나 성공을 강조하는 인본주의 심리학이나 긍정 심리학자들은 세 번째의 경우를 바람직한 상태로 본다. 이른바 자기의 재발견이다. 소크라테스가 말한 산파술은 자기 안에서 새로운 가능성을 찾는 작업이기도 하다. 하지만 발견된 지식이 제대로 된 방법에 의해 이끌리지 않는다면 앎을 확장하지는 못한다.

네 번째가 소크라테스가 강조한 '무지의 지'의 상태다. 소크라테스 산파술은 산파가 남의 분만을 도와주듯 자신은 사람들이 스스로 깨닫도록 도와주는 일을 한다는 것을 비유한 용어다. 산파술의 목적은 거듭된 반어적 질문을 통해 먼저 자신의 무지를 알게 하는 것이다. 산파술은 단순히 자신의 무지를 고백하라는 게 아니라 내가 모르는 것이 도대체 무엇인지를 아는 데까지 가도록 돕는다. 무언가를 채우려면 비워야 하듯, 무지에 대한 깨달음이 선행되어야 다음 단계로 새로운 앎을 향해 나아갈 수 있기 때문이다. 공자는 《논어》에서 "배우고 때로 익히니 또한 즐겁지 아니한가學而時習之 不亦說乎"라며 인생삼락人生三樂의 하나로 배움을 말한다. 공자가 말하는 배움은 깨달음이다. 공부는 뭔가 새로운 지식을 얻기 위해서도 하지만, 그보다는 내가 잘 알지 못했던 것, 내가 그동안 무엇을 몰랐는지 발견하는 과정이라고 할 수 있다. 그 배움의 핵심 과녁은 나 자신이다. 구체적으로 나의 무지를 겨냥해야 지식은 지혜로 발전한다.

자아는 우리를 속이고 자주 기만한다. 자기중심성을 버리지 못하고 많은 편견과 고정관념, 자기기만적인 망상에 우리를 가두며, 부질없는 욕망에 집착하게 만들기도 한다. 치열한 생존 경쟁에서 자아는 병들고, 무너진다. 그러

165

나 우리는 이 성가시고 자주 고집을 부리는 자아를 버릴 수 없다. 자아가 내 정체성의 가장 중요한 부분을 차지하고 있기 때문이다. 또 자아가 무너지면 우리는 대상관계나 타자와 관계를 제대로 맺을 수 없으며, 제대로 된 욕망을 발휘할 수도 없다. 그렇다고 자아를 무턱대고 긍정하고, 이상화하는 것도 경계해야 한다.

그렇다면 어떻게 해야 하나? 지금까지 살펴본 것처럼 무엇보다 자아를 잘 이해해야 한다. 이를 위해 자아를 향해 끊임없이 질문을 던져야 한다. 그 질문을 토대로 사회와 타자의 욕망에 맞춘 외형적 자아가 아닌 진정한 나를 찾아야 한다. 또한 내가 무엇을 모르는지 알려는 노력이 자아실현을 위해 먼저 필요하다. 공자는 인생삼락에서 배우는 것 다음으로 "벗이 있어 먼 곳에서 찾아오니 또한 즐겁지 아니한가有朋自遠方來 不亦樂乎"를 제시했다. 세 번째 즐거움은 "남이 나를 알아주지 않아도 성내지 아니하니 이 또한 군자가 아닌가人不知不慍 不亦君子乎"다. 공자의 인생삼락을 자아를 찾는 것과 연관해 설명할 수 있다. 배움이란 질문을 던지는 것이다. 질문을 통해 먼저 나의 영원한 이방인 친구인 자아를 만나야 한다. 낯선 친구 자아와 대화하면서 새로 배운다면 이 교제가 새로운 즐거움을 줄 것이다. 이것이 두 번째 낙이다. 그렇게 해서 알게 된 나의 모습이 더 이상 낯설지 않다면 이제 남이 나를 알아주지 않아도 행복할 수 있다. 진정한 나를 찾았기 때문이다. 행복은 진정한 나와 만남이다.

인명설명

소크라테스Socrates (B.C. 470~B.C. 399)

플라톤의 스승으로 지혜를 찾아다니며 만나는 사람들에게
문답법을 통해 스스로 진리를 발견하도록 일깨워준 거리의
철학자다. 소크라테스는 저술을 한 편도 남기지 않았지만
플라톤의 대화록에 늘 주인공으로 등장한다. 그의 주된 대화
상대이자 논쟁의 대상은 소피스트들이다. 나중에 청년들을
현혹시킨다는 명목으로 사형 판결을 받자 탈출하지 않고
독배를 마시고 생을 마감한다. "너 자신을 알라"라는 가르침이
유명하지만 사실 이 말은 델포이 신전 입구에 새겨진 경구다.
소크라테스는 인생의 목적이 행복이며, 행복에 도달하기
위해서는 참된 앎을 가져야 한다고 강조했으며, 진리에 대한
회의주의나 상대주의 입장을 거부했다. 소크라테스는 몸은
건장했지만 얼굴이 못생겼다고도 전해지는데《향연》에서는
볼품없는 외모 속에 아름다움이 숨어 있는 지혜의 사람으로
묘사되기도 한다.

아리스토텔레스Aristoteles (B.C. 384~B.C. 322)

오늘날 우리가 아는 '논리학', '형이상학', '윤리학' 같은 철학의
거의 모든 주제들을 다루면서 방대한 저서를 저술했다.
플라톤의 아카데미에서 수학했지만 마케도니아 출신이라
배척되었고, 후계자가 되지 못하자 아테네를 떠났다가 다시
돌아와 자신의 학교를 세웠다. 스승인 플라톤이 순수 형상과
현상으로 세계를 나누면서 참된 존재인 이데아를 인식하는
철학적 직관을 강조했다면 아리스토텔레스는 형상과 질료가
함께 실체를 이룬다는 자연주의와 경험주의 입장을 주장했다.
《니코마코스 윤리학》에서 우주와 모든 존재는 고유한 목적을
지닌다고 말하면서 인간의 목적을 행복에서 찾았다. 행복은
인간 각자가 지닌 고유한 덕을 잘 갈고닦아 탁월성과 완성의
경지에 이르는 것을 말한다. 소크라테스의 행복 이론을 더
정교화했다고 할 수 있다.

지그문트 프로이트Sigmund Freud (1856~1939)

정신분석의 창시자로 현대사상과 예술에 지대한 영향을
끼쳤다. 프로이트는 의식이나 이성보다 무의식이 인간 행동과
사고에 더 큰 영향을 미친다고 주장하면서, 정신분석이
코페르니쿠스의 천동설, 다윈의 진화론에 이어 인간 자존심에
상처를 입힌 세 번째 사상 혁명이라고 자평했다. 그는
신경증이 신체장애 때문에 생기는 것이나 꾀병이 아니며
억압된 무의식적 갈등의 표현이라고 주장하면서 "모든 사람이
신경증자다"라는 유명한 말을 남겼다. 1920년 이후 이드,
자아, 초자아에 관한 새로운 마음 이론을 내놓으면서 신경증
치료의 새 방향을 제시했다. 1900년에 쓴 《꿈의 해석》이 가장
유명하지만 집단 심리와 문화에 관한 저서도 많다.

자크 라캉Jacques Lacan (1901~1981)

프랑스의 정신분석가로 '프로이트로의 복귀'를 주장하면서
철학과 언어학을 접목해 정신분석을 새롭게 개조했다. 거울
단계 이론을 통해 '자아'의 상상적이고 기만적인 본성을
폭로하면서 정신분석은 자아의 강화가 아니라 주체의 과학이
되어야 한다고 주장하면서 자아 심리학을 비판했다. 유일하게
직접 집필한 저서인 《에크리Écrits》를 1966년에 출판했으며
1953년부터 매년 주제를 정해 진행한 강연 〈세미나〉 시리즈도
그의 사상을 볼 수 있는 중요한 저작이다. '가변적 분석
시간'이라는 짧은 분석 기법을 도입하고 치료만 중시하는 임상
전통을 비판하면서 국제정신분석협회IPA에서 제명되기도
했지만 정신분석이 현대 사상에 새로운 영향을 끼치게 하는 데
공헌했다. 욕망에 관한 가장 영향력 있는 이론가이기도 하다.

하인즈 코헛Heinz Kohut (1913~1981)

프로이트의 정신분석학에 동조하고 함께 일하면서
크게 기여했으나 '자기애적 성격장애자'를 치료하는
과정에서 나르시시즘의 본질과 기능에 대해 긍정적
관점으로 재해석하면서 안정적이고 통합적인 자기를
발전시킬 것을 주장하는 '자기심리학'을 정립했다. 코헛은
나르시시즘(자기애)이 대상관계가 성숙되기 이전에 경험하는
미숙하고 병리 상태라는 프로이트의 이론에 반대하면서 자기
개념의 중요성을 강조했다. 1971년에 《자아의 분석》을 썼으며
무의식과 성 이론에 경도된 정신분석을 비판하면서 '자기'가
환경과 맺는 안정적인 관계와 건강하고 진취적인 자기를
발달시킬 것을 주장했다.

에리히 프롬Erich Fromm (1900~1980)

《소유냐 존재냐》와 《사랑의 기술》로 유명한 미국의 실존주의 정신분석학자이자 사회심리학자다. 프로이트주의가 무의식과 의식의 갈등을 통해 증상을 설명하면서 자유 연상 같은 분석 기술을 통한 임상 치료를 주장한다면, 프롬은 정신분석과 마르크스 사상을 통합해 사회문화적인 것이 개인에 미치는 영향을 강조하면서 행복과 자유의 실현을 사회심리학의 목표로 제시했다. 인간 본성에 대해 비관적이었던 프로이트와 달리, 프롬은 인간이 사랑을 하고 사유하면서 창조적으로 자신의 삶을 가꾸는 자유로운 존재임을 강조했다. 《너희도 신처럼 되리라》에는 인간을 소외시키는 우상에서 벗어나 자기 운명의 주인이 되면서 인간 해방을 이루라는 급진적인 휴머니즘 관점이 잘 나타나 있다.

르네 지라르René Girard (1923~2015)

모방적 욕망 이론으로 유명한 사상가다. 지라르는 인간의
욕망은 자연적인 것이 아니라 모델 역할을 하는 타자(짝패)가
욕망하는 대상을 모방하고 따라하면서 생기고 전파되는데, 이
과정에서 한정된 대상을 두고 갈등이 심화되는 것이 폭력의
본질이라고 설명했다. 모방적 욕망의 위기가 발생하면 그것을
해소하기 위해 희생양에게 폭력을 전가하는 희생 제의를
벌이는데 이 과정에서 문화가 생긴다. 지라르는 욕망을 통해
인간 사회에서 반복되는 폭력과 문화의 발생을 설명하는
독창적 시각을 보여준다. 인문학의 다윈이라는 별명도 있으며,
그가 쓴 《희생양》은 인류 역사의 집단 갈등, 전쟁 등 폭력의
기원을 사회문화적 관점에서 잘 밝혀주면서 해결책에 대해서도
영감을 준다.

장 보드리야르Jean Baudrillard (1929~2007)

현대사회를 소비사회로 지칭하면서 소비가 현대인의 주된
생존 양식이 되었으며 소비는 물건이 아니라 기호의 소비라고
주장하였다. 예를 들어 자동차 같은 상품은 탈것이라는
기능보다는 사회적 지위와 부를 보여주는 기호가 되었다는
것이다. 소비사회에서 몸은 대표적인 사회적 기호가
되었으며 현대인이 과도할 정도로 몸의 기호와 이미지에
집착하면서 몸은 최고의 상품이 되었다. 보드리야르에 따르면
대중문화와 미디어가 발달하면서 기호화는 더 복잡해지고
지배적이 되며, 실재를 대체하는 시뮬라크르가 창조하는
극실재(하이퍼리얼리티)가 실재보다 더 영역을 넓혀가는
것이 현대사회의 특징이다. 《소비의 사회》, 《시뮬라크르와
시뮬라시옹》을 썼다.

칼 구스타프 융-Carl Gustav Jung (1875~1961)

스위스의 정신과 의사로, 프로이트의 열렬한 애정과 지지를
받는 협력자로서 프로이트가 사상적 계승자로 점찍었으나
독자적인 '분석심리학'을 창시하면서 프로이트와 결별했다.
성을 무의식과 욕망의 본질로 간주하면서 유아기 성의
중요성을 강조한 프로이트를 비판하면서 리비도는 중립적
에너지고, 무의식은 원초적이며 집단적인 본성을 지니고
있다고 주장했다. 융에 따르면 모든 문화에는 집단 무의식의
내용을 이루는 원형 이미지가 있으며 그것은 신화 등을 통해
전승된다. 융은 내향성과 외향성 성격 이론으로도 유명하며,
자기 안의 잠재력과 가능성을 깨달으면서 의식과 무의식을
포괄하는 통합적인 자기를 실현할 것을 주장했다.

줄리아 크리스테바Julia Kristeva (1941~)

불가리아 출신의 철학자이자 정신분석가로 문학, 정신분석,
기호론, 여성주의 담론을 종합해 독창적인 사상을
전개하였으며, 문학비평과 소설도 썼다. 경계선에 대한 관심을
갖고 연구하면서 '기호계' 상징계의 바탕을 이루는 원초적
생명체이자 모성적 존재인 '코라' 같은 독창적 개념과 이론을
만들기도 하였다. 아직 국내에는 그의 사상이 많이 알려지지는
않았지만 그가 제시하는 새로운 여성주의 정신분석 해석은
참고할 점이 많다.

미셸 푸코Michel Foucault (1926~1984)

구조주의 이론가로 알려져 있지만 푸코는 일정한 구조를
반영하면서 정치적 효과를 발생시키는 언표들의 집합인 담론과
권력, 주체의 상관관계를 연구하면서 전형적인 구조주의 사고
방식을 넘어서는 사상가다. 푸코의 관심은 상징적 구조가
아니라 특정 시대를 지배하는 지식과 진리를 생산하는 담론
체계와 그것이 주체에게 미치는 효과를 밝히는 것이다.
《말과 사물》,《지식의 고고학》이 이런 문제 의식을 보여준다.
말년에는 주체성에 관심을 집중하면서 주체가 자신의 삶을
꾸려나가는 방식의 원리에 대해 탐구하는데, '자기 배려'는
이런 문제 의식을 잘 보여준다. 푸코는 고대인들이 자신을
아름다운 작품처럼 가꾸었듯이 내부로 시선을 돌리고 자신을
올바른 방향으로 변화시키기 위해 결단하고 반성적으로
사유하는 태도를 강조했다.

한나 아렌트Hannah Arendt (1906~1975)

독일 출신의 유대인 철학자로 폭력과 전체주의 연구로
유명하다. 아렌트는《예루살렘의 아이히만》에서 역사 속에
나타나는 수많은 악행이 폭력적인 성향의 범죄자들이 아니라
국가에 순응하며 평범하게 사는 사람들이 행한다고 비판하면서
'악의 평범성'이라는 유명한 화두를 던졌다. 아렌트의 말은
악을 어쩔 수 없는 것으로 간주하는 게 아니라 타인의 입장에
대해 공감하거나 자신의 행동에 대해 반성적 사유가 없으면
언제든지 악을 저지를 수 있다는 경고다. 마찬가지로 이성과
상식에 의거해 판단하는 정치적 주체가 되지 못한, 구조화되지
않는 대중은 특정 이데올로기에 선동될 때 거대한 폭력적
집단인 '폭민'이 되면서 전체주의를 가능하게 만든다고
비판했다.

아브라함 매슬로Abraham Maslow (1908~1970)

인간을 자유의지를 지닌 능동적인 행위자로 보면서 자아실현을
강조한 인본주의 심리학자. 인본주의 심리학은 환경의 영향을
강조하면서 외적 보상에 따른 행동 형성을 강조하는 행동주의
심리학이나, 무의식적 충동 또는 성적 욕망 등을 강조하는
정신분석에 대해 비판적이다. 매슬로에 따르면 인간을
움직이는 동기는 다섯 가지 단계로 순차적으로 발생하는데
이것을 '욕구 위계론'이라 부른다. 욕구 위계론에서는 인간에게
의식주와 같은 생존을 위한 생리적 욕구도 있지만, 잠재성을
최고로 발휘하여 자아를 완성하려는 자아실현 욕구가 정점에
있어서 인간다움을 만드는 핵심이 된다. 동기와 자기 계발에
관한 심리학 이론에는 매슬로의 욕구 이론이 자주 활용된다.

참고문헌

곽철환 편저, 《불교공부사전》, 운주사, 2012.

김현택·현성용, 《현대 심리학의 이해》, 학지사, 2008.

대니얼 웨그너 외, 《심리학 개론》, 민경환 외 옮김,
시그마프레스, 2011.

데이비드 G. 마이어스, 《마이어스의 심리학 탐구》,
민윤기 외 옮김, 시그마프레스, 2011.

딜런 에반스, 《라깡 정신분석 사전》, 김종주 외 옮김,
인간사랑, 2004.

로렌 슬레이터, 《스키너의 심리 상자 열기》, 조중열 옮김,
에코의 서재, 2005.

르네 지라르, 《그를 통해 스캔들이 왔다》, 김진식 옮김,
문학과지성사, 2007.

미국정신분석학회, 《정신분석 용어 사전》, 이재훈 옮김,
한국심리치료연구소, 2002.

셰익스피어, 〈리어 왕〉, 《셰익스피어 4대 비극》,
셰익스피어 연구회 옮김, 아름다운날, 2006.

샹커 베단텀, 《히든 브레인》, 임종기 옮김, 초록물고기, 2010.

소포클레스, 〈오이디푸스 왕〉, 《소포클레스 비극 전집》,
천병희 옮김, 도서출판숲, 2008.

숀 호머, 《라캉 읽기》, 김서영 옮김, 은행나무, 2006.

수잔 놀렌 혹스마, 《앳키슨과 힐가드의 심리학 원론》,
정영숙 외 옮김, 박학사, 2017.

아리스토텔레스, 《니코마코스 윤리학》, 이창우 외 옮김,
이제이북스, 2006.

엘리자베트 루디네스코, 《자크 라캉 1: 라캉과 그의 시대》,
양녕자 옮김, 새물결, 2000.

웨인 웨이튼 외, 《생활과 심리학》, 김정희 외 옮김,
시그마프레스, 2004.

윌리엄 B. 어빈, 《욕망의 발견》, 윤희기 옮김, 까치, 2008.

장 보드리야르, 《소비의 사회》, 이상률 옮김, 문예출판사, 1992.

제레미 홈즈, 《나르시시즘》, 유원기 옮김, 이제이북스, 2002.

지그문트 프로이트, 《문명 속의 불만》, 김석희 옮김,
열린책들, 2003.

____, 〈두려운 낯설음〉, 《예술, 문학, 정신분석》, 정장진 옮김,
열린책들, 2003.

____, 《정신분석의 탄생》, 임진수 옮김, 열린책들, 2005.

____, 《정신분석 입문》, 김양순 옮김, 동서문화사, 2016.

캘빈 S. 홀, 《프로이트 심리학 입문》, 범우사, 1993.

프리트헬름 슈바르츠, 《착각의 과학》, 김희상 옮김,
북스넛, 2011.

플라톤, 《알키비아데스》, 김주일·정준영 옮김,
이제이북스, 2007.

EBS 아이의 사생활 제작팀, 《아이의 사생활2》,
지식플러스, 2016.

Julia Kristeva, 《Etrangers à nous-mêmes》, Fayard, 1988.

Lacan. J, 《Écrits》, Éditions du Seuil, 1966.

Markus Hazel. 「Self-schemata and processing information
about the self」, Journal of Personality and Social Psychology
Vol. 35, Issue 2. 1977.

배반인문학

자아

초판 1쇄 발행 2017년 7월 31일
개정판 1쇄 발행 2021년 9월 13일
개정판 3쇄 발행 2024년 10월 4일

지은이 · 김 석
펴낸이 · 주연선

(주)은행나무
04035 서울특별시 마포구 양화로11길 54
전화 · 02)3143-0651~3 | 팩스 · 02)3143-0654
신고번호 · 제 1997—000168호(1997. 12. 12)
www.ehbook.co.kr
ehbook@ehbook.co.kr

ISBN 979-11-6737-063-1 (04100)
ISBN 979-11-6737-005-1 (세트)

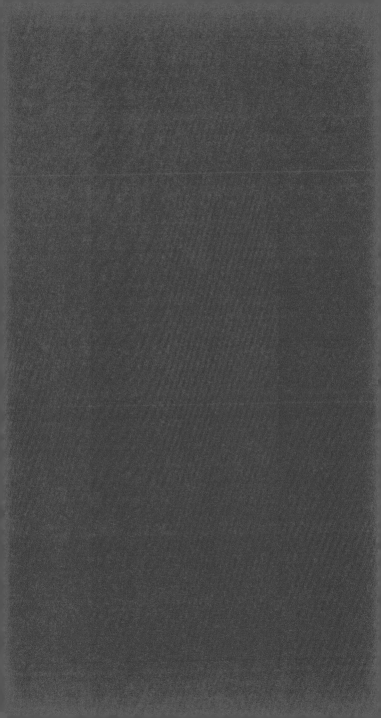